同步训练·重点串讲
依据最新考试大纲编写

《思想道德修养与法律基础》
要点与试题

张会峰 编著

图书在版编目（CIP）数据

《思想道德修养与法律基础》要点与试题/张会峰编著. —北京：北京大学出版社，2015.6
　ISBN 978-7-301-25071-6

　Ⅰ.①思… Ⅱ.①张… Ⅲ.①思想修养－高等学校－教学参考资料②法律－中国－高等学校－教学参考资料 Ⅳ.①G641.6 ②D920.4

中国版本图书馆CIP数据核字（2014）第256681号

书　　名	《思想道德修养与法律基础》要点与试题
著作责任者	张会峰　编著
责任编辑	任　蕾
标准书号	ISBN 978-7-301-25071-6
出版发行	北京大学出版社
地　　址	北京市海淀区成府路205号　100871
网　　址	http://www.pup.cn 新浪微博：@北京大学出版社
电子信箱	zpup@pup.cn
电　　话	邮购部62752015　发行部62750672　编辑部62754144
印 刷 者	北京大学印刷厂
经 销 者	新华书店
	880毫米×1230毫米　A5　7.375印张　212千字
	2015年6月第1版　2015年6月第1次印刷
定　　价	24.00元

未经许可，不得以任何方式复制或抄袭本书之部分或全部内容。
版权所有，侵权必究
举报电话：010-62752024 电子信箱：fd@pup.pku.edu.cn
图书如有印装质量问题，请与出版部联系，电话：010-62756370

目　录

代　序	何为要点？怎样命题？	I
绪　论	珍惜大学生活　开拓新的境界	1
第一章	追求远大理想　坚定崇高信念	19
第二章	继承爱国传统　弘扬中国精神	37
第三章	领悟人生真谛　创造人生价值	62
第四章	学习道德理论　注重道德实践	86
第五章	领会法律精神　理解法律体系	111
第六章	树立法治理念　维护法律权威	150
第七章	遵守行为规范　锤炼高尚品格	172
试卷一		212
试卷二		219
参考书目		226

何为要点？怎样命题？

（代序）

  本书以全国普通高等学校思想政治理论课统一使用教材《思想道德修养与法律基础》（2013年修订版）为蓝本，提炼要点，命制试题，可以作为教学，尤其是考试的配套参考书来使用，也可以作为广大考生备战考研的教材来使用。那么要点是如何提炼的？试题是按照怎样的规律去发现和命制的？有必要在序言中和广大读者分享一下。

一、何为要点？

  要点，是一个相对的概念，而且可以在不同的领域来使用，如教材要点、教学要点、考核要点。有人可能认为上述判断和分类是一个假命题，认为教材中的所有内容都是要点；也有人会认为教材要点、教学要点和考核要点是三位一体的，没有区别。而笔者认为，教材编写的着眼点在于知识的全面性和体系的完整性。而在一个完整的知识体系中，知识点的组合必然有主次之分，即使在同一个知识点的阐释过程中，也有主题句、关键词和普通语句的区分，这也符合行文逻辑和常理。从宏观层面来看，教材要点指的是教材中标志性的章节，例如第三章人生观、价值观问题，应该是本学科最重要的主题之一；从微观层面来看，教材要点就是各章节具有重要知识属性和价值导向的主题句和关键词。

  教材要点的提炼，是教学要点和考核要点的前提，但是教材要点并不必然地等同于教学要点和考核要点。教材体系向教学体系的转化，加入和体现了任课教师的二次创造，一般而言，教学要点是在教材要点基础上的取舍与拓展。在广度上，教学要点可以视为教材要点的子集，但是在深度上，又不限于教材要点的范围。教学分为理论教学和实践教学，有些教材要点适合在理论教学中讲授，而有些教材要点，则适合在实践中让学生去体会"不言之教"，这也符合知行合一的修学方法。教学要点，尤其是理论教学要点的选取，应当体现贴近的原则，既要有理论深度和价值导向，又要贴近生活，关注社会，回答和解决大学生身边常见多发的问题，这样才能让教学入脑入心。

考核要点应当是教材要点和教学要点的取舍和延伸。其中，理论教学要点适合转变为书面的考核要点，而实践教学要点则应通过实践去评价和考核，不适宜体现在书面考核要点中。为了体现课上讲授与课下阅读的结合，考核要点应当是教材要点与理论教学要点的合集，但由于理论教学包含了广大一线教师的二次创造，具有很强的个性和差异性，很难被一本参考书一一涵盖，所以本书提炼的考核要点，仅仅体现了与教材要点的吻合性。但并非所有的教材要点都适合命题，一些转化成试题后没有区别度的知识点将丧失命题价值。（例如有的考点作为选择题难度会过低，这也是由思想品德课"是非分明"的学科性质所决定的，下文详述。）考核要点也不是对教材要点的简单重复，例如材料分析题固有的开放性也决定了试题势必会对教材要点有所拓展。

二、怎样命题？

命题，是一门学问。怎样将教材转化成试题？什么样的知识点才能转化成试题？什么样的知识点能转化成什么样的题型？这不仅仅是考生想要探寻的秘密，也是严谨的命题者应该思考并掌握的技能。笔者认为命题大致应该遵循以下三个规律。

第一规律，发现和利用教材中的"枝叶结构"。教材的主体部分，都是主论点分解为分论点，大概念分解为小概念，就像一棵大树，主干上分出树枝，树枝上再分出树叶，这样层层推进而成的。在命题的时候，要善于捕捉作为枝叶结构的主题句或关键词。例如教材中这段文字："社会主义法治理念包括依法治国、执法为民、公平正义、服务大局、党的领导等五个方面的基本内容。其中，依法治国是社会主义法治的核心内容，执法为民是社会主义法治的本质要求，公平正义是社会主义法治的价值追求，服务大局是社会主义法治的重要使命，党的领导是社会主义法治的根本保证。"就是典型的枝叶结构。面对这样的枝叶结构，正向思维，可以命制多项选择题，就像问这个树枝包含下列哪些树叶？2012年研究生入学考试多项选择题第30题就是示例：

[2012-30] 社会主义法治理念反映和指引着社会主义法治的性质、功能、目标方向、价值取向和实现途径，是社会主义法治的精髓和灵魂。其基本内涵包括依法治国、执法为民和（ACD）。

A．公平正义　　B．自由平等　　C．服务大局　　D．党的领导

枝叶结构是命制多项选择题最理想的考点，因为这样的知识点不但可以方便地拆分出多个选项，而且还符合长短一致、句式统一的美感要求。枝叶结构也可以命制简答题，便于采点给分，命制答案。

面对上述枝叶结构，逆向思维，还可以命制单项选择题，就像问这个树叶属于下列哪个树枝，考查小概念的归属，或者问每个树叶各自的定位。2014年研究生入学考试单项选择题第13题就是示例：

[2014-13] 中国特色社会主义法治理念包括"依法治国、执法为民、公平正义、服务大局、党的领导"五个方面的基本内涵，它们是相辅相成、不可分割的有机整体，构成了社会主义法治理念的完整理论体系。其中，公平正义是（A）。

A. 社会主义法治的价值追求　　B. 社会主义法治的本质要求
C. 社会主义法治的核心内容　　D. 社会主义法治的重要使命

这个考点类似这样的命题思路，还可以举一反五，命制五道不同的单项选择题。逆向思维考核定位的单项选择题考点还包括教材中"以**为核心""以**为重点""以**为原则""最突出""最重要""最基本"……为标识的内容。此外，教材中的一个概念，正向思维可以

命制简答题，逆向思维可以命制单项选择题。

第二规律，发现和利用教材中的原理。任何一个科目，都有一些既具有理论深度，又具有现实关联性、延展性的原理。在《思想道德修养与法律基础》这样通俗而平实的教材中也不例外。这样的段落往往充满了哲学意蕴，闪耀着辩证法的光辉，在教材中很容易被识别出来，而这些原理往往是结合材料命制分析题或论述题的重要考点。如果说得更为具体一些，本科目的很多原理，都表现为一组关系命题，例如：道德与法律的关系、个人理想与社会理想的关系、立志高远与始于足下的关系（仰望星空与脚踏实地的关系）、理想与现实的关系、自我价值与社会价值的关系、个人利益与集体利益的关系、党的领导与依法治国的关系等，都是命制材料题的考点。仍然以本科目在研究生入学考试的试题为例，2010年分析题的考点是道德与法律的关系，2011年分析题的考点是自我价值与社会价值的关系，2014年分析题的考点是个人理想与社会理想的关系以及理想与现实的关系。这些试题都反映了这一命题规律。教材中的原理，除了用来命制材料分析题之外，还可以命制理解型选择题，例如问"下列关于道德与法律的关系，理解（或表述）正确的有哪些？"理解型选择题是相对于第一规律中的识记型选择题而言的，理解型选择题往往具有更高的难度。

第三规律，发现和利用教材中的一些名言警句或成语典故。这是一个命制选择题的补充规律，即将教材中的名言警句和成语典故作为题干，问它体现了什么内涵、什么特点、什么思想，考查与教材考点的一一对应关系。这是一个小的规律，但却是一个命题的惯用手段和实用规律，例如在研究生入学考试的命题中，每年都有这样的命题，没有例外过。

除了上述三个规律之外，命题中还有一些小的注意事项。以选择题为例，命题一般要求选择正确的，而不能选择错误的，因为要求考生掌握正确的知识才有意义，掌握错误的知识没有意义，而且正确的选项往往是有限的，错误的选项是无限的，选择错误选项在逻辑上不够严谨。选择题一般应该使用肯定句式，不宜使用否定句式，否则容易把考生绕晕了，产生不必要的错误。单项选择题一般表述为："下列选项正确的是哪个？"而多项选择题则宜表述为："下列选项正确的有哪些？"这样在语义逻辑上更为严谨。命制分析题的注意事项，见下文详述。

三、重点、热点及其他

本书中的试题，都是按照上述命题规律和注意事项编写的。为了尽量全面地呈现考点和题型，笔者在每一章都编写了选择题、简答题和材料分析题（材料分析题考点也可以转化为论述题），供广大教师和学生参考使用。但是还需要进一步说明的是，如果将所有章节的所有题型放在同一张试卷中考核的话，笔者认为客观题和主观题（以材料分析题为例）的命题重心分布在不同的章节还是有所不同的。这也是由各个板块的知识性质所决定的。《思想道德修养与法律基础》的内容按照三分法可以分为思想板块（前三章）、道德板块（第四章）和法律板块（第五、六章）三大板块；按照传统科目的沿革又可二分为思想道德修养（前四章）和法律基础（第五、六章）两大板块。绪论和第七章的内容可以拆分到上述各个板块中去。为了表述的简单，这里使用三分法的表述方式。

思想道德修养部分的内容，以价值引领和感悟知识为主，真正具有知识识别性的考点并不多，因而不太适合选择题的命制。而且这一部分的内容，往往过于是非分明，考生根据经验常识甚至是词性的褒贬色彩，就能判断选项的正误，因而选择题的难度和区别度较低。以研究生入学考试的试题为例，爱国主义部分分别在三年的考试中命制过三道多项选择题，而这三道多项选择题的答案都是 ABCD 全选，无一例外。之所以呈现这样的规律性，是因为一旦出现错误的干扰项，会错得过于明显，如果出现模棱两可的干扰项，又不严谨，稳妥的办法只有全对，也算通过考试进行正面教育了。而价值引领和感悟的知识点结合社会现实材料进行分析讨论，则具有充分的开放性和延展性，因而适合分析题的命制。法律基础部分的内容则恰恰相反，很多内容具有较强的专业性和知识属性，法律的钢性也限制了它的延展和讨论空间，因而法律基础部分的知识更适合选择题的命制而不是分析题。而且将法律基础部分的命题重心放在选择题上，也在一定程度上降低了法律部分的分值和难度，体现了法律基础知识的"去专业化"处理，符合法律通识教育的特点。

  材料分析题的命制，还要兼顾社会时事热点，这样的题目才足够鲜活，体现理论联系实际，体现与时俱进。材料分析题的命制，可以视为教材原理和热点材料双向选择的结果。根据原理找能体现该原理的现实材料，或者根据现实热点材料到教材中找能解释该材料的原理。如果说对于原理和材料的考虑有主次之分的话，笔者认为还是应该以教材原理为主要考虑因素，答案的命制也应体现这一重心，否则就使得考点脱离了要点。虽然围绕考点命题具有很大的局限性和僵化性，但是它却具有一定的客观性和公平性，是一种不得已而求其次的做法。材料对于原理，应该是起一种引入或延展的辅助作用。出版物固有的周期属性决定了本书从面世那天起，书中所引用的材料就已经滞后了，所以它只能起到抛砖引玉的范例作用，还需要读者根据自己视野的不断更新。如果让笔者做一些提示的话，每年"感动中国十大人物"、最美现象（村官、教师、乡村医生等）以及习近平关于社会主义核心价值观的系列讲话，都是本学科命制分析题很好的材料来源。

  本书编写过程中，得到了北京大学思政研究所各位同仁的帮助和指导，有些材料和题目的初稿来源于我们给北京大学学生命制的考题，在此对各位同仁的支持表述感谢。但是由于笔者的能力和水平有限，不当甚至错误之处在所难免，如有发现，笔者会尽力补正，文责自负。

张会峰
2014 年 10 月于北大燕园

绪论　珍惜大学生活　开拓新的境界

【体系框架】

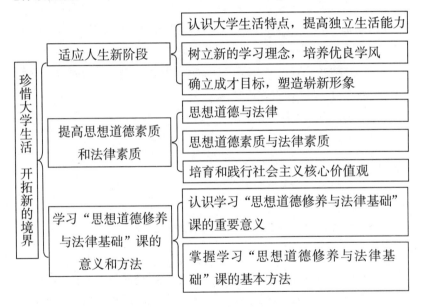

【要点】

第一节　适应人生新阶段

一、认识大学生活特点，提高独立生活能力

1. 与中学生活相比，大学生活发生了显著的变化。了解这些变化，有利于更好地认识大学生活的特点。

（1）学习要求的变化。大学阶段的学习，知识的广度和深度大大增加，专业方向基本确定，需要充分发挥学习的主动性、创造性。广泛涉猎相关知识，掌握科学的学习方法，培养自主学习和独立思考问题、分析问题、解决问题的能力，是大学阶段学习的重要特点。

（2）生活环境的变化。进入大学以后，应尽快适应新的环境，既要学会过集体生活，又要学会独立处理学习生活中遇到的各种实际问题。

（3）社会活动的变化。进入大学后，各种社会活动大大增加，同学们可以根据自己的特点和爱好、时间和精力，积极参加各种活动，合理安排课余生活，锻炼组织和交往能力。

2．适应新的学习、生活环境，同学们需要注意培养和提高自己的独立生活能力。

（1）确立独立生活意识。

（2）提高明辨是非的能力。

（3）虚心求教，细心体察。

（4）大胆实践，不断积累生活经验。

二、树立新的学习理念，培养优良学风

1．树立新的学习理念

（1）自主学习的理念。自主学习是一种能动的学习，它要求同学们有明确的学习目的，自觉适应专业要求和社会需要，积极主动地掌握相关知识、技能和方法，使自己真正成为学习的主人。

（2）全面学习的理念。要向书本学习、向实践学习、向生活学习，学会知识技能，学会动手动脑，学会生存生活，学会做人做事。

（3）创新学习的理念。创新学习是一种以求真务实为基础，采取创造性方法，积极追求创造性成果的学习。

（4）终身学习的理念。大学毕业只是告别学校，并不是告别学习。不断学习新知识、获得新本领，是社会发展的要求。

2. 学风是人们在学习过程中表现出来的态度、行为方式和作风，是一个人道德水平和精神境界的重要体现。

（1）勤奋。就是要刻苦努力、不畏艰难、锲而不舍、永不懈怠。

（2）严谨。就是要一丝不苟、认真负责，做到严肃、严格、严密。

（3）求实。就是要确立求真务实的态度，坚持实事求是的原则，具有追求真理、修正错误的勇气。

（4）创新。就是要不拘陈规，敢为人先，进行创造性的学习和思维。

三、确立成才目标，塑造崭新形象

1. 确立成才目标

成为德智体美全面发展的社会主义事业的合格建设者和可靠接班人，是大学生需要确立的成才目标。大学生的全面发展，就是德智体美的全面发展，是思想道德素质、科学文化素质和健康素质的全面提高。

（1）德是人才素质的灵魂。

（2）智是人才素质的基本内容。

（3）体是人才素质的基础。

（4）美是人才素质的综合体现。

2. 塑造崭新形象

大学生是社会上富有朝气、充满活力的群体。良好的形象不仅是大学生成才的一个重要方面，也是社会对大学生的要求。

（1）理想远大，热爱祖国。

（2）追求真理，善于创新。

（3）德才兼备，全面发展。

（4）视野开阔，胸怀宽广。

（5）知行统一，脚踏实地。

第二节　提高思想道德素质和法律素质

一、思想道德与法律

思想道德与法律是调节人们思想行为、协调人际关系、维护社会秩序的重要手段。思想道德和法律虽然在调节领域、调节方式、调节目标等方面发挥的作用和方式存在很大不同，但是二者作为社会上层建筑的重要组成部分，共同服务于经济社会健康有序的发展。两者相辅相成、缺一不可，有着密不可分的联系。

1. 社会主义思想道德所体现的价值标准和价值观念为社会主义法律提供了价值准则和道义基础。

（1）社会主义思想道德的价值标准，是社会主义法律正义性与合法性的基础，为社会主义法律的制定提供价值准则。

（2）社会主义思想道德中的自由、民主、平等、公正、和谐、诚信、友善等价值观念，对于社会主义法律的制定和实施有着重要的促进作用。

（3）社会主义思想道德能够促进人们自觉守法、维护法律权威和严格实施法律，弥补法律不健全时留下的空白，弥补法律在调整社会关系方面的不足，与社会主义法律共同促进良好社会秩序的形成。

2. 社会主义法律的实施为社会主义思想道德建设提供了制度保障。

（1）社会主义法律的实施保证了社会主义思想道德形成和发展所需要的政治基础、物质基础、思想文化基础。

（2）法律的公布和实施，有力地传播和实施了社会主义思想道德。法律对违法犯罪的制裁，也表达了对这些严重违反社会主义思想道德行为的否定性评价。

（3）社会主义法律通过对社会主义基本思想道德原则予以确认，并把某些重要的思想道德规范转化为法律规范，为其提供法律支持。

二、思想道德素质与法律素质

1．思想道德素质主要包括思想政治素质和道德素质。

（1）思想政治素质是人们在为实现本阶级利益而进行的精神活动和实践活动中表现出来的素养和能力。

（2）道德素质是人们的道德认识和道德行为水平的综合反映，包含着一个人的道德修养和道德情操，体现着一个人的道德水平和道德风貌。

2．法律素质是指人们学法尊法守法用法的素养和能力。掌握必备的法律知识，树立必需的法律观念，拥有必要的用法、护法能力，构成了法律素质的基本要素。

3．一个人良好的思想道德修养和法律修养是在学习中升华、内省中完善、自律中养成、实践中锤炼的结果。

三、培育和践行社会主义核心价值观

1．社会主义核心价值体系

社会主义核心价值体系是兴国之魂，决定着中国特色社会主义发展方向。马克思主义指导思想，中国特色社会主义共同理想，以爱国主义为核心的民族精神和以改革创新为核心的时代精神，社会主义荣辱观，构成社会主义核心价值体系的基本内容。

（1）马克思主义指导思想作为社会主义核心价值体系的灵魂，解决的是举什么旗的问题，是整个社会主义核心价值体系的理论基础。

（2）中国特色社会主义共同理想作为社会主义核心价值体系的主题，解决的是走什么道路、实现什么样目标的问题。

（3）民族精神和时代精神作为社会主义核心价值体系的精髓，解决的是应当具备什么样的精神状态和精神风貌的问题。

（4）以"八荣八耻"为主要内容的社会主义荣辱观作为社会主义核心价值体系的基础，解决的是人们行为规范的问题。

2．社会主义核心价值观

（1）党的十八大报告明确提出："倡导富强、民主、文明、和谐，倡导自由、平等、公正、法治，倡导爱国、敬业、诚信、友善，积极培育和践行社会主义核心价值观。"

（2）社会主义核心价值观，是社会主义核心价值体系的精神内核及其遵循的根本原则，可以从价值层面为深入回答社会主义的本质特征提供根本价值遵循，在具体利益矛盾、各种思想差异之上最广泛地形成价值共识，为国家建设和社会发展提供先进的、根本的价值导向和理想信念，提供明确的、稳定的价值依据和评判标准。

培育和践行社会主义核心价值观，是引领大学生成长成才的基本途径，为大学生加强自身修养、锤炼优良品德指明了努力方向。

第三节　学习"思想道德修养与法律基础"课的意义和方法

一、认识学习"思想道德修养与法律基础"课的重要意义

1. 有助于大学生认识立志、树德和做人的道理，选择正确的成才之路。

2. 有助于大学生掌握丰富的思想道德和法律知识，为提高思想道德和法律素养打下知识基础。

3. 有助于大学生摆正"德"与"才"的位置，做到德才兼备、全面发展。

二、掌握学习"思想道德修养与法律基础"课的基本方法

1. 注重学习科学理论。这里所说的科学理论，就是马克思主义的基本原理，就是马克思主义的立场、观点和方法。这是构建本课程的理论基础和贯穿本课程的灵魂，也是学习本课程要把握的重点。

2. 注重学习和掌握思想道德与法律的基本知识。本课程包含着丰富的人生哲学、伦理道德和法律知识。这些知识是人类在长期社会实

践中形成的思想成果，是哲学社会科学的重要组成部分。

3. 注重联系实际。从实际生活中汲取丰富的精神营养，在社会实践中加深对思想道德和法律知识的理解。

4. 注重学以致用。本课程的内容具有鲜明的实践性。学习本课程要把知与行结合起来，把学习与践履结合起来，把学习规范与遵守规范结合起来，使知识转化为内在素质。

【试题】

一、单项选择题

1. 与中学生活相比，大学生活发生了显著的变化。同学们可以根据自己的特点和爱好、时间和精力，积极参加各种活动，合理安排课余生活，锻炼组织和交往能力。这集中体现了大学生活中（　　）。

　　A. 学习要求的变化　　　　B. 生活环境的变化
　　C. 社会活动的变化　　　　D. 成才目标的变化

2. 有明确的学习目的，自觉适应专业要求和社会需要，积极主动地掌握相关知识、技能和方法，这集中体现的学习理念是（　　）。

　　A. 自主学习的理念　　　　B. 全面学习的理念
　　C. 创新学习的理念　　　　D. 终身学习的理念

3. 马克思说过："在科学上没有平坦的大道，只有不畏劳苦沿着陡峭山路攀登的人，才有希望达到光辉的顶点。"这句话中体现出的优良学风是（　　）。

　　A. 勤奋　　　B. 严谨　　　C. 求实　　　D. 创新

4. 古人云："知之为知之，不知为不知。"这句话所反映的优良学风是（　　）。

　　A. 勤奋　　　B. 严谨　　　C. 求实　　　D. 创新

5. 大学生的全面发展，就是德智体美的全面发展，是思想道德素质、科学文化素质和健康素质的全面提高。其中作为人才素质的灵魂的是（　　）。

　　A. 德　　　　B. 智　　　　C. 体　　　　D. 美

6. 爱因斯坦曾经说过："大多数人都以为是才智成就了科学家，他们错了，是品格。"下列名言与这段话含义一致的是（　　）。

A．道虽迩，不行不至；事虽小，不为不成

B．才者，德之资也；德者，才之帅也

C．不学礼，无以立

D．是非之心，智也

7. 下列选项中，在人的各项素质中，处于最重要的地位，体现人们在为实现本阶级利益而进行的精神活动和实践活动中表现出来的素质和能力的是（　　）。

A．道德素质　　　　　　　B．法律素质

C．思想政治素质　　　　　D．思想道德素质

8. 下列选项中，从价值层面为深入回答社会主义的本质特征提供根本价值遵循，在具体利益矛盾、各种思想差异上最广泛地形成价值共识，为国家建设和社会发展提供先进的、根本的价值导向和理性信念，提供明确的、稳定的价值依据和评判标准的是（　　）。

A．自我价值　　　　　　　B．社会价值

C．社会主义核心价值观　　D．社会主义核心价值体系

9. 社会主义核心价值体系是兴国之魂，决定着中国特色社会主义发展方向，包括多个方面的内涵，其中作为社会主义核心价值体系的基础，解决人们行为规范问题的是（　　）。

A．马克思主义指导思想　　B．中国特色社会主义共同理想

C．民族精神和时代精神　　D．社会主义荣辱观

二、多项选择题

1. 进入大学以后，学习的内容、形式和要求都发生了变化，在大学新阶段，应该树立的学习理念有（　　）。

A．自主学习的理念　　　　B．全面学习的理念

C．创新学习的理念　　　　D．终身学习的理念

2. 思想道德与法律是调整人们思想行为、协调人际关系、维护社

会秩序的重要手段。下列关于思想道德修养与法律的表述，理解正确的有（　　）。

A．思想道德和法律在调节领域、调节方式和调节目标等方面发挥的作用和方式存在很大的相似性

B．社会主义思想道德集中体现着精神文明建设的性质和方向

C．社会主义思想道德所体现的价值标准和价值观念为社会主义法律提供了价值准则和道义基础

D．社会主义法律的实施为社会主义思想道德建设提供了制度保障

3．社会主义思想道德与社会主义法律相辅相成、密不可分。下列表述正确的有（　　）。

A．社会主义思想道德的价值标准，是社会主义法律正义性与合法性的基础

B．在司法实践中，当法律规则与人们的道德观念相左时，应该按照主流道德观念来处理案件

C．社会主义思想道德能够弥补法律不健全时留下的空白，弥补法律在调整社会关系方面的不足

D．社会主义思想道德中的自由、民主、平等、公正、和谐、诚信、友善等价值观念，对于社会主义法制的制定和实施有重要的促进作用

4．社会主义法律的实施为社会主义思想道德建设提供了制度保障。下列选择表述正确的有（　　）。

A．社会主义法律的实施保证了社会主义思想道德形成和发展所需要的政治基础、物质基础和思想文化基础

B．法律的公布和实施，有力地传播和实施了社会主义思想道德

C．社会主义法律确认了社会主义思想道德在国家生活中的主流地位

D．社会主义法律把某些重要的思想道德规范转化为法律规范，为其提供法律支持

5．十八大报告指出，大力弘扬民族精神和时代精神，积极培育和

践行社会主义核心价值观。下列选项中属于社会主义核心价值观内容的有（　　）。

A．自由　　　B．平等　　　B．敬业　　　D．诚信

6．学习"思想道德修养与法律基础"课需要掌握正确的方法。下列属于学习该课程的基本方法的是（　　）。

A．注重学习科学理论

B．注重联系实际

C．注重学以致用

D．注重学习和掌握思想道德与法律的基本知识

三、简答题

1．简述思想道德与法律的关系。
2．简述思想道德对于法律的作用。
3．简述法律对于思想道德的作用。
4．简述法律素质的概念和基本要素。
5．简述社会主义核心价值观的内容。

四、分析题（要求结合所学知识分析材料回答问题）

1．材料一：

你们当中很多人，特别是本科生，一直生活在父母的目光中，如今第一次真正远离家门，要同这么多、将来还会更多的无亲无故的人打交道，其中难免有信誓旦旦却居心叵测的人，这真的是非常艰难，却是你必须迈出的一步。要学会相信别人，也要学会自我保护；学会竞争，也要学会协同；学会严格，也要学会宽容；学会坚持，也要学会妥协；学会倾听，也要学会表达；学会默默恪守，也要学会分享心灵；学会在挫折中守护理想，也要学会在超越中留住平凡。而所有这些都需要一种任何人都无法教授、只能靠你们独自摸索的"分寸"。对于你们，大学并不只是一个灌输知识甚或创造知识的地方。随着中国社会的发展，随着越来越多的独生子女被父母和社会一直"关"在从

小学（甚至幼儿园）到高中的校园内，事实上，今天的大学已不得不悄悄承担了另一个重要的社会功能：青年人进入现代社会生活之前的最后一个集训营。

（苏力："第一个梦想成真"，载苏力《走不出的风景：大学里的致辞以及修辞》，北京大学出版社 2011 年）

材料二：

踏入大学校门时，你还是一个忙碌的、青涩的、被动的、为分数读书的、被家庭保护着的中学毕业生。

就读大学时，你应当进行七项学习，学好自修之道、基础知识、实践贯通、兴趣培养、积极主动、掌控时间、为人处世。

经过大学四年，你会从思考中确立自我，从学习中寻求真理，从独立中体验自主，从计划中把握时间，从交流中锻炼表达，从交友中品味成熟，从实践中赢得价值，从兴趣中攫取快乐，从追求中获得力量。

离开大学时，只要做到了这些，你最大的收获将是"对什么都可以拥有的自信和渴望"。你就能成为一个有潜力、有思想、有价值、有前途的中国未来的主人翁。

所以，我认为大学四年应是这样度过。

（"李开复致信中国大学生：大学四年应是这样度过"节选）

（1）谈谈大学的学习生活与中学相比发生了哪些变化？

（2）应该如何适应新的学习生活环境的改变？

（3）大学阶段应当树立怎样的学习理念？

2．材料一：

予今长斯校，请以三事为诸君告：

一曰抱定宗旨。诸君来此求学，必有一定宗旨，欲求宗旨之正大与否，必先知大学之性质。今人肄业专门学校，学成任事，此固势所必然。而在大学则不然，大学者，研究高深学问者也。外人每指摘本校之腐败，以求学于此者，皆有做官发财思想，故毕业预科者，多入法科，入文科者甚少，入理科者尤少，盖以法科为干禄之终南捷径也。因做官心热，对于教员，则不问其学问之浅深，惟问其官阶之大小。官阶大者，特别欢迎，盖为将来毕业有人提携也。现在我国精于政法者，多入政界，专任教授者甚少，故聘请教员，不得不聘请兼职之人，亦属不得已之举。究之外人指摘之当否，姑不具论，然弭谤莫如自修，人讥我腐败，问心无愧，于我何惧？果欲达其做官发财之目的，则北京不少专门学校，入法科者尽可肄业于法律学堂，入商科者亦可投考商业学校，又何必来此大学？所以诸君须抱定宗旨，为求学而来，入法科者，非为做官；入商科者，非为致富。宗旨既定，自趋正轨，诸君肄业于此，或三年，或四年，时间不为不多，苟能爱惜光阴，孜孜求学，则求造诣，容有底止。若徒志在做官发财，宗旨既乖，趋向自异。平时则放荡冶游，考试则熟读讲义，不问学问之有无，惟争分数之多寡；试验既终，书籍束之高阁，毫不过问，敷衍三、四年，潦草塞责，文凭到手，即可借此活动于社会，岂非与求学初衷大相背驰乎？光阴虚度，学问毫无，是自误也。且辛亥之役，吾人之所以革命，因清廷官吏之腐败。即在今日，吾人对于当轴多不满意，亦以其道德沦丧。今诸君苟不于此时植其基，勤其学，则将来万一因生计所迫，出而仕事，担任讲席，则必贻误学生；置身政界，则必贻误国家。是误人也。误己误人，又岂本心所愿乎？故宗旨不可以不正大。此余所希望于诸君者一也。

二曰砥砺德行。方今风俗日偷，道德沦丧，北京社会，尤为恶劣，败德毁行之事，触目皆是，非根基深固，鲜不为流俗所染。诸君肄业大学，当能束身自爱。然国家之兴替，视风俗之厚薄。流俗如此，前途何堪设想。故必有卓绝之士，以身作则，力矫颓俗，诸君为大学学生，地位甚高，肩此重任，责无旁贷，故诸君不惟思所以感己，更必有以励人。苟德之不修，学之不讲，同乎流俗，合乎污世，己且为人轻侮，更何足以感人。然诸君终日伏首案前，芸芸攻苦，毫无娱乐之事，必感身体上之苦痛。为诸君计，莫如以正当之娱乐，易不正当之娱乐，庶几道德无亏，而于身体有益。诸君入分科时，曾填写愿书，遵守本校规则，苟中道而违之，岂非与原始之意相反乎？故品行不可以不严谨。此余所希望于诸君者二也。

三曰敬爱师友。教员之教授，职员之任务，皆以图诸君求学便利，诸君能无动于衷乎？自应以诚相待，敬礼有加。至于同学共处一室，尤应互相亲爱，庶可收切磋之效。不惟开诚布公，更宜道义相勖，盖同处此校，毁誉共之。同学中苟道德有亏，行有不正，为社会所訾詈，己虽规行矩步，亦莫能辨，此所以必互相劝勉也。余在德国，每至店肆购买物品，店主殷勤款待，付价接物，互相称谢，此虽小节，然亦交际所必需，常人如此，况堂堂大学生乎？对于师友之敬爱，此余所希望于诸君者三也。

（蔡元培就任北大校长之演讲词节选）

材料二：

同学们来北大读书，不仅仅是为了出国、读研，或者找工作，这些现实的发展，可以是短期的奋斗目标，但不能成为人生的终极意义。要记住，树立了什么样的志向，就决定了什么样的道路；走上了什么样的道路，就拥有了什么样的人生。同学们是当代青年群体的佼佼者，你们在实现个人发展的同时，也要考虑对科学发展、社会进步和文明传播承担更多的责任。在燕园的几年，同学们不仅要认真研究怎样做好学问，也要思考如何立身做人；不仅要恪守学术道德，也要勇于承担社会责任，用心去慢慢沉淀和培养一种为学和做人的高贵品味；不仅成长为一个更好的自己，也为他人、社会和国家发出印有你们标记的一份热度。

（"做一个对自己有更高要求的人"：原北大校长王恩哥在2013年
新生开学典礼上的致辞节选）

（1）大学时代应当确立怎样的成才目标？

（2）大学生应当塑造怎样的崭新形象？

【答案及解析】

一、单项选择题

1. C【解析】ABC三个选项分别从学习、生活和社会活动三个侧面描述了大学生活与中学生活的不同。学习要求主要针对知识学习而言，生活环境主要针对衣食住行和自理能力而言。本题题干中指明了"各种活动""课余生活"，因而集中体现了社会活动的变化。D选项成才目标，德智体美全面发展其实从小学到大学都一直强调，没有变化，只是在大学生活中，可能表现得更真实和明显而已。

2．A【解析】ABCD四个选项都是在大学阶段应当树立的全新的学习理念。本题考查的是对A选项自主学习理念的理解，"自觉""积极主动"是与"自主"很接近的概念。B选项全面学习强调的是不仅学习专业知识，还要学习专业相关的各种知识，以及科学的方法，与题干意思有接近之处，容易混淆。C选项创新学习强调采取创造性方法，积极追求创造性成果的学习。D选项强调的是活到老学到老的学习。

3．A【解析】ABCD四个选项，都是大学阶段应该培养的优良学风。马克思这句名言强调了勤奋的重要性，故C选项正确。

4．C【解析】ABCD四个选项，都是大学阶段应该培养的优良学风。题干中这句名言强调了实事求是的态度，故C选项正确。

5．A【解析】德是人才素质的灵魂；智是人才素质的基本内容；体是人才素质的基础；美是人才素质的综合体现。德智体美各项素质的定位不同。此类题目要学会举一反三。

6．B【解析】题干中爱因斯坦的话，说明了德才之间的关系，而且强调了德对才的统帅作用，与B选项的意思基本是一致的。北宋史学家司马光的这句话，说明用"德"来统帅"才"，才能保证"才"的正当发挥；以"才"支撑"德"，才能真正有益于国家和人民。这句话也强调了德才兼备，全面发展的重要性。A选项强调了知行统一，脚踏实地的重要性。C选项强调了"礼"的重要性，"礼"和"德"虽然较为接近，但是这句话并没有突出德才关系。D选项仅仅强调了是非之心，意思相对狭窄一些。

7．C【解析】人的基本素质包括思想道德素质与法律素质，而思想道德素质又可以包括思想政治素质和道德素质。本题考查的是其中的思想政治素质的概念。C选项和D选项具有包容关系。C选项更准确地反映了题意。

8．C【解析】本题考查社会主义核心价值观的概念。社会主义核心价值观是十八大报告的新提法，也是2013版教材的新增内容。AB两个选项是人生价值的两个方面的内容，与题意不符。本题最大的难度在于社会主义核心价值观与社会主义核心价值体系的区别，马克思主义指导思想，中国特色社会主义共同理想，以爱国主义为核心的民族精神和以改革创新为核心的时代精神，社会主义荣辱观，构成社会主义核心价值体系的基本内容。十八大报告提出，倡导富强、民主、文明、和谐，倡导自由、平等、公正、法治，倡导爱国、敬业、诚信、友善，积极培育和践行社会主义核心价值观。

9. D【解析】本题考查社会主义核心价值体系的内涵。ABCD分别为社会主义核心价值体系的四个方面的内涵。每个内涵都有各自的定位。其中A选项为社会主义核心价值体系的灵魂，解决举什么旗的问题；B选项为社会主义核心价值体系的主题，解决走什么路的问题；C选项为社会主义核心价值体系的精髓，解决应具备什么样的精神风貌的问题；D选项为社会主义核心价值体系的基础，解决人们的行为规范问题。

二、多项选择题

1. ABCD【解析】参考单项选择题第2题答案。

2. BCD【解析】本题考查思想道德与法律的关系，为2013年版教材新增内容。A选项错误。思想道德和法律在调节领域、调节方式和调节目标等方面发挥的作用和方式存在很大不同。BCD选项，准确地反映了思想道德与法律的关系。

3. ACD【解析】ACD选择为2013版教材新增表述。B选项错误。尽管社会主义思想道德的价值标准，是社会主义法律正义性与合法性的基础，而且社会主义思想道德能够弥补法律不健全时留下的空白，弥补法律在调整社会关系方面的不足，但是在司法领域人们首要遵循的，还应该是法律，不能用道德来取代法律。道德对于法律的直接的影响，更多体现在立法领域以及法律空白之处。

4. ABCD【解析】ABCD四个方面正确地诠释了社会主义法律的实施为社会主义思想道德建设提供了制度保障，为2013版教材新增内容。

5. ABCD【解析】本题考查十八大报告关于社会主义核心价值观

的新提法，也是官方教材 2013 版新增内容。十八大报告提出，倡导富强、民主、文明、和谐，倡导自由、平等、公正、法治，倡导爱国、敬业、诚信、友善，积极培育和践行社会主义核心价值观。故 ABCD 全选。

6. ABCD【解析】本题 BCD 选项较为直观，容易漏选或误解的是 A 选项。这里所说的科学理论，并不是和本课程无关的专业理论知识，而是马克思主义的基本原理，是马克思主义的立场、观点和方法。这是构建本课程的理论基础和贯穿本课程的灵魂，也是学习本课程要把握的重点。

三、简答题答案要点

1. 思想道德与法律是调节人们思想行为、协调人际关系、维护社会秩序的重要手段。思想道德和法律虽然在调节领域、调节方式、调节目标等方面发挥的作用和方式存在很大不同，但是二者作为社会上层建筑的重要组成部分，共同服务于经济社会健康有序的发展。两者相辅相成、缺一不可，有着密不可分的联系。社会主义思想道德所体现的价值标准和价值观念为社会主义法律提供了价值准则和道义基础。社会主义法律的实施为社会主义思想道德建设提供了制度保障。

2. 社会主义思想道德所体现的价值标准和价值观念为社会主义法律提供了价值准则和道义基础。

（1）社会主义思想道德的价值标准，是社会主义法律正义性与合法性的基础，为社会主义法律的制定提供价值准则。

（2）社会主义思想道德中的自由、民主、平等、公正、和谐、诚信、友善等价值观念，对于社会主义法律的制定和实施有着重要的促进作用。

（3）社会主义思想道德能够促进人们自觉守法、维护法律权威和严格实施法律，弥补法律不健全时留下的空白，弥补法律在调整社会关系方面的不足，与社会主义法律共同促进良好社会秩序的形成。

3. 社会主义法律的实施为社会主义思想道德建设提供了制度保障。

（1）社会主义法律的实施保证了社会主义思想道德形成和发展所需要的政治基础、物质基础、思想文化基础。

(2) 法律的公布和实施，有力地传播和实施了社会主义思想道德。法律对违法犯罪的制裁，也表达了对这些严重违反社会主义思想道德行为的否定性评价。

(3) 社会主义法律通过对社会主义基本思想道德原则予以确认，并把某些重要的思想道德规范转化为法律规范，为其提供法律支持。

4. 法律素质是指人们学法、尊法、守法、用法的素养和能力。掌握必备的法律知识，树立必需的法律观念，拥有必要的用法、护法能力，构成了法律素质的基本要素。

5. 党的十八大报告明确提出："倡导富强、民主、文明、和谐，倡导自由、平等、公正、法治，倡导爱国、敬业、诚信、友善，积极培育和践行社会主义核心价值观。"

四、分析题答案要点

1. (1) 与中学生活相比，大学生活发生了显著的变化。①学习要求的变化。大学阶段的学习，知识的广度和深度大大增加，专业方向基本确定，需要充分发挥学习的主动性、创造性。②生活环境的变化。进入大学以后，应尽快适应新的环境，"远离家门，要同这么多、将来还会更多的无亲无故的人打交道"，既要学会过集体生活，又要学会独立处理学习生活中遇到的各种实际问题。③社会活动的变化。进入大学后，各种社会活动大大增加，"今天的大学已不得不悄悄承担了另一个重要的社会功能：青年人进入现代社会生活之前的最后一个集训营"。同学们可以根据自己的特点和爱好、时间和精力，积极参加各种活动，合理安排课余生活，锻炼组织和交往能力。

(2) 要适应大学学习环境的改变，广泛涉猎相关知识，掌握科学的学习方法，培养自主学习和独立思考问题、分析问题、解决问题的能力。要适应大学生活环境的改变，确立独立生活意识；提高明辨是非的能力；虚心求教，细心体察；大胆实践，不断积累生活经验。"要学会相信别人，也要学会自我保护；学会竞争，也要学会协同；学会严格，也要学会宽容；学会坚持，也要学会妥协；学会倾听，也要学会表达；学会默默恪守，也要学会分享心灵；学会在挫折中守护理想，也要学会在超越中留住平凡""从思考中确立自我，从学习中寻求真理，从独立中体验自主，从计划中把握时间，从交流中锻炼表达，从交友中品味成熟，从实践中赢得价值，从兴趣中攫取快乐，从追求中获得力量"。

（3）大学阶段要树立新的学习理念：①自主学习的理念。自主学习是一种能动的学习，它要求同学们有明确的学习目的，自觉适应专业要求和社会需要，积极主动地掌握相关知识、技能和方法，使自己真正成为学习的主人。②全面学习的理念。要向书本学习、向实践学习、向生活学习，学会知识技能，学会动手动脑，学会生存生活，学会做人做事。③创新学习的理念。创新学习是一种以求真务实为基础，采取创造性方法，积极追求创造性成果的学习。④终身学习的理念。大学毕业只是告别学校，并不是告别学习。不断学习新知识、获得新本领，是社会发展的要求。

李开复博士提到的七项学习中，有多项都体现了上述的学习理念。

2.（1）从两任北大校长的讲演中我们可以看出，"研究高深学问"是大学的成才目标之一，但并非全部。成为德智体美全面发展的社会主义事业的合格建设者和可靠接班人，是大学生需要确立的成才目标。德是人才素质的灵魂；智是人才素质的基本内容；体是人才素质的基础；美是人才素质的综合体现。大学生要"抱定宗旨、砥砺德行、敬爱师友"，要树立长期的、全面的成才目标，正如王校长所说的，"不仅成长为一个更好的自己，也为他人、社会和国家发出印有你们标记的一份热度。"

（2）"故必有卓绝之士，以身作则，力矫颓俗，诸君为大学学生，地位甚高，肩此重任，责无旁贷。""当代青年群体的佼佼者，你们在实现个人发展的同时，也要考虑对科学发展、社会进步和文明传播承担更多的责任。"良好的形象不仅是大学生成才的一个重要方面，也是社会对大学生的要求。大学生要做到：理想远大，热爱祖国；追求真理，善于创新；德才兼备，全面发展；视野开阔，胸怀宽广；知行统一，脚踏实地。

第一章 追求远大理想 坚定崇高信念

【体系框架】

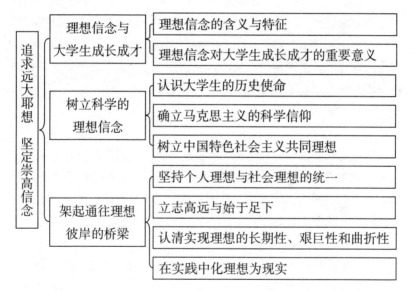

【要点】

第一节 理想信念与大学生成长成才

一、理想信念的含义与特征

（一）理想的含义与特征

1. 含义

理想是人们在实践中形成的、有实现可能性的、对未来社会和自身发展的向往与追求,是人们的世界观、人生观和价值观在奋斗目标上的集中体现。

2. 特征

(1) 理想是一定社会关系的产物。它必然带有特定时代的烙印,在阶级社会中,还必然带有特定阶级的烙印。

(2) 理想源于现实,又超越现实。科学的理想是人的主观能动性与社会发展客观趋势的一致性的反映。它是人们在社会实践基础上,对社会历史发展客观规律的正确把握,因而对人们有着巨大的感召力,对社会实践具有重要的指导作用。

(3) 理想是多方面和多类型的。从性质上划分,有科学理想和非科学理想;从时序上划分,有长远理想和近期理想等;从主体上划分,有个人理想和社会理想等;从内容上划分,有社会政治理想、道德理想、职业理想和生活理想等。

(二) 信念的含义与特征

1. 含义

信念是认知、情感和意志的有机统一体,是人们在一定的认识基础上确立的对某种思想或事物坚信不疑并身体力行的心理态度和精神状态。信念是对理想的支持,是人们追求理想目标的强大动力。信念一旦形成,就会使人坚贞不渝、百折不挠地追求理想目标。

2. 特征

(1) 信念具有高于一般认识的稳定性,人们的某种信念一旦形成,就不会轻易改变。然而,信念的稳定性也不是绝对的,科学的信念必然会随着客观实际的改变而与时俱进,不断充实、调整和完善,在不断变化的现实考验中变得更加稳定、更加坚强。

(2) 信念有不同的内涵,也有不同的层次。但在一定的社会中,人们各自的信念也有共通之处,从而形成社会的共同信念。同一个人的不同信念之间常常具有内在联系,并形成有机构成的信念体系。其中,高层次的信念决定着低层次的信念,低层次的信念服从于高层次的信念;由于高层次的信念具有最大的统摄力,因而它代表了一个人的基本信仰。信仰是信念最集中、最高的表现形式。

（3）理想与信念的关系。在人的生命历程中，理想和信念总是如影随形、相互依存。理想是信念的根据和前提，信念则是实现理想的重要保障。在很多情况下，理想亦是信念，信念亦是理想。当理想作为信念时，它是指人们确信的一种观点和主张；当信念作为理想时，它是与奋斗目标相联系的一种向往和追求。

二、理想信念对大学生成长成才的重要意义

（一）理想信念的作用

1. 指引人生的奋斗目标。
2. 提供人生的前进动力。
3. 提高人生的精神境界。

（二）理想信念与大学生

理想信念对于同学们成长成才具有重要的意义。

1. 引导大学生做什么人。
2. 指引大学生走什么路。
3. 激励大学生为什么学。

第二节 树立科学的理想信念

一、认识大学生的历史使命

当代大学生承担的是建设和发展中国特色社会主义、实现中华民族伟大复兴的历史使命。

（一）在新的起点上继往开来

中国特色社会主义事业是亿万人民的共同事业，需要一代又一代中华儿女的不懈奋斗。大学生是我国社会主义事业的建设者和接班人，要继承前辈开创的伟大事业，在新的历史起点上推动中国特色社会主义航船不断破浪前进。

（二）在现实的基础上迎接挑战

我国仍处于并将长期处于社会主义初级阶段的基本国情没有变，

人民日益增长的物质文化需要同落后的社会生产之间的矛盾这一社会主要矛盾没有变,我国是世界最大发展中国家的国际地位没有变。综观国际国内大势,我国发展仍处于可以大有作为的重要战略机遇期,既面临难得的历史机遇,也面对诸多可以预见和难以预见的风险挑战。这些挑战包括:世界科技文化发展的挑战;复杂多变的国际环境的挑战;我国改革发展新任务的挑战等。

二、确立马克思主义的科学信仰

马克思主义的特点:

1. 马克思主义是科学的又是崇高的。

2. 马克思主义具有持久的生命力。

3. 马克思主义以改造世界为己任。

三、树立中国特色社会主义的共同理想

建设中国特色社会主义、实现中华民族伟大复兴,是现阶段我国各族人民的共同理想。

要树立这一理想,必须要做到:

1. 坚定对中国共产党的信任。

2. 坚定中国特色社会主义信念。中国特色社会主义道路是实现途径,中国特色社会主义理论体系是行动指南,中国特色社会主义制度是根本保障,三者统一于中国特色社会主义伟大实践,这是党领导人民在建设社会主义长期实践中形成的最鲜明的特色。

3. 坚定实现中华民族伟大复兴的信心。

第三节 架起通往理想彼岸的桥梁

一、坚持个人理想与社会理想的统一

1. 个人理想。指处于一定历史条件和社会关系中的个体对于自己

未来的物质生活、精神生活所产生的种种向往和追求，它包括个人具体的社会政治理想、道德理想、职业理想和生活理想等。

2. 社会理想。指社会集体乃至社会全体成员的共同理想，指在全社会占主导地位的共同奋斗目标。

3. 个人理想与社会理想的关系。社会理想与个人理想也不是互相孤立的存在，它们之间既相互联系、相互影响，又相互区别、相互制约。

（1）社会理想决定、制约着个人理想。个人理想的实现，必须以社会理想的实现为前提和基础。在整个理想体系中，社会理想是最根本、最重要的，而个人理想则从属于社会理想。换句话说，个人理想的确立要以社会理想为指导，个人理想的实现依赖于社会理想的实现。个人理想只有同国家的前途、民族的命运相结合，个人的向往和追求只有同社会的需要和人民的利益相一致，才可能变为现实。

（2）社会理想又是个人理想的凝炼和升华。社会理想不是凭空产生的，也不是由外在力量强加的，而是建立在许许多多个人理想基础之上的，是个人理想的凝炼和升华。一个社会占主导地位的社会理想代表和反映着这个社会占统治地位阶级的根本利益和共同愿望。社会理想的实现归根到底还要靠社会成员的共同努力，并体现在实现个人理想的具体实践之中。

大学生对自己未来生活的追求和向往，不能脱离当代中国的社会现实。建设和发展中国特色社会主义，实现中华民族的伟大复兴，这是当代中国最大的现实，也是全体中国人民共同的社会理想。那种认为社会理想与个人理想无关，甚至认为社会理想压制个人理想的看法是完全错误的。自觉地把个人理想融入中国特色社会主义共同理想中，通过为实现社会共同理想而奋斗来实现个人理想，才是大学生正确的选择。

二、立志高远与始于足下

1. 立志当高远。志向高远，就是要放开眼界，不满足于现状，也不屈服于一时一地的困难与挫折，更不要斤斤计较于个人私利的多少与得失。

2．立志做大事。新时代的大学生应该把个人的命运与国家和人民的命运联系在一起，胸怀祖国，服务人民，立志为祖国和人民的利益而奋斗，在为实现社会理想而奋斗的过程中实现个人理想。

3．立志须躬行。实现崇高的理想，要从我做起，从现在做起，从平凡的工作做起。

三、实现理想的长期性、艰巨性和曲折性

1．理想的实现是一个过程。要实现理想、创造未来，就必须有战胜种种艰难险阻的坚定不移的信心和坚忍不拔的毅力。

2．正确对待实现理想过程中的顺境与逆境。迎高潮而快上，乘顺风而勇进，这是身处顺境的学问，是善于抓住机遇不断丰富与完善自己的方式；处低谷而力争，受磨难而奋进，这是身处逆境的学问，是将压力变成动力之所为。在追求理想的旅途中没有永远的顺境，也没有永远的逆境。因此，当身处顺境时，切莫得意忘形，因为顺境可能只是一时的，必须做好遇到逆境的准备；当身处逆境时，也勿悲观失望，只要勇于战胜逆境，顺境就在前面。无论是顺境还是逆境，对人生的作用都是双重的，关键是怎样去认识和对待它们，只要善于利用顺境，勇于正视逆境和战胜逆境，远大的理想就一定能够实现。

四、在实践中化理想为现实

1．正确认识理想与现实的关系是实现理想的思想基础。

（1）理想和现实存在着对立的一面。理想受现实的规定和制约，不能脱离现实而幻想未来。理想与现实的矛盾与冲突，属于"应然"和"实然"的矛盾。假如理想与现实完全等同，那么理想的存在就没有意义。

（2）理想与现实又是统一的。现实是理想的基础，理想是未来的现实。一方面，现实中包含着理想的因素，孕育着理想的发展，在一

定条件下，现实必定要转化为理想。另一方面，理想中也包含着现实，既包含着现实中必然发展的因素，又包含着由理想转化为现实的条件；在一定的条件下，理想就可以转化成为未来的现实。脱离现实而谈理想，理想就会成为空想。

2. 坚定的信念是实现理想的重要条件。

3. 勇于实践、艰苦奋斗是实现理想的根本途径。

【试题】

一、单项选择题

1. 人们在实践中形成的、有实现可能性的、对未来社会和自身发展的向往与追求是（　　）。

　　A. 信念　　　B. 理想　　　C. 梦想　　　D. 幻想

2. 人们在一定的认识基础上确立的对某种思想或事物坚信不疑并身体力行的心理态度和精神状态是（　　）。

　　A. 信念　　　B. 理想　　　C. 梦想　　　D. 幻想

3. "哲学家们只是用不同的方式解释世界，而问题在于改变世界。"马克思的这句名言突出了马克思主义的特点是（　　）。

　　A. 马克思主义是科学的　　　B. 马克思主义是崇高的
　　C. 马克思主义具有持久生命力　　　D. 马克思主义重视实践

4. 古人云："合抱之木，生于毫末；九层之台，起于累土。"如果用这句话来指导青年人立志，它强调的是（　　）。

　　A. 立志当高远　　　B. 立志做大事
　　C. 立志须躬行　　　D. 立志应务实

5. 中华民族近代以来最伟大的梦想是（　　）。

　　A. 共产主义梦想　　　B. 中华民族解放
　　C. 中华民族独立　　　D. 中华民族伟大复兴

6. 实现理想的根本途径是（　　）。

　　A. 正确认识理想与现实的关系　　　B. 坚定实现理想的信念
　　C. 争取实现理想的广泛支持　　　D. 勇于实践、艰苦奋斗

7. 下列选项属于实现理想的重要条件的是（　　）。
A. 正确认识理想与现实的关系
B. 坚定实现理想的信念
C. 争取实现理想的广泛支持
D. 勇于实践、艰苦奋斗

8. 下列选项属于实现理想的思想基础的是（　　）。
A. 正确认识理想与现实的关系　　B. 坚定实现理想的信念
C. 争取实现理想的广泛支持　　　D. 勇于实践、艰苦奋斗

二、多项选择题

1. 下列关于理想的说法中，表述正确的有（　　）。
A. 理想是人们的世界观、人生观和价值观在奋斗目标上的集中体现
B. 理想必然带有特定时代的烙印，在阶级社会中，还必然带有特定阶级的烙印
C. 理想源于现实，又超越现实，是对未来社会和自身发展的向往与追求，但未必具有实现可能性
D. 理想是多方面和多类型的。从性质上划分，有科学理想和非科学理想之分

2. 理想是多方面和多类型的，按照不同的标准可以进行不同的划分，下列理想中哪些类型是依据理想内容的不同而划分的（　　）。
A. 科学理想和非科学理想　　　B. 个人理想和社会理想
C. 政治理想和道德理想　　　　D. 职业理想和生活理想

3. 下列关于理想与信念的说法中，表述正确的有（　　）。
A. 信念具有高于一般认识的稳定性，因而人们的某种信念一旦形成，就不会改变
B. 信仰是信念最集中、最高的表现形式
C. 当理想作为信念时，它是指人们确信的一种观点和主张
D. 当信念作为理想时，它是与奋斗目标相联系的一种向往和追求

4. 当代大学生的历史使命是（　　）。

A. 建设和发展中国特色社会主义

B. 实现中华民族伟大复兴

C. 实现民族的独立与解放

D. 实现共产主义伟大事业

5. 马克思主义之所以作为我们党和国家的根本指导思想，是（　　）。

A. 由马克思主义严密的科学体系决定的

B. 由鲜明的阶级立场和巨大的实践指导作用决定的

C. 近代以来中国历史发展的必然结果

D. 中国人民长期探索的历史选择

6. 中国共产党人坚持把马克思主义的基本原理同中国革命、建设和改革的具体实践相结合，形成了的两大理论成果有（　　）。

A. 毛泽东思想

B. 邓小平理论

C. "三个代表"重要思想

D. 中国特色社会主义理论体系

7. 以下对于马克思主义的特点表述正确的有（　　）。

A. 马克思主义是科学的又是崇高的

B. 马克思主义具有持久的生命力

C. 马克思主义是一成不变的经典

D. 马克思主义以改造世界为己任

8. 现阶段我国各族人民的共同理想有（　　）。

A. 实现四个现代化　　　　B. 实现共产主义

C. 建设中国特色社会主义　　D. 实现中华民族伟大复兴

9. 要树立中国特色社会主义共同理想，必须做到（　　）。

A. 坚定对中国共产党的信任

B. 坚定走中国特色社会主义道路的信念

C. 坚定实现中华民族伟大复兴的信心

D. 坚定借鉴西方先进经验的决心

10. 实现全面建成小康社会、建成富强民主文明和谐的社会主义现代化国家的奋斗目标，实现中华民族伟大复兴的中国梦，就是要实现（　　）。

　　A．国家富强　　　　　　B．民族振兴
　　C．人民幸福　　　　　　D．睦邻友好

11. 要实现中国梦，就必须要（　　）。

　　A．走中国道路　　　　　B．弘扬中国精神
　　C．凝集中国力量　　　　D．坚持国际接轨

12. 下列关于社会理想与个人理想的关系，表述正确的有（　　）。

　　A．社会理想是个人理想的凝聚和升华，代表和反映着人们的共同愿望和根本利益

　　B．社会理想具体体现在每个社会成员为实现个人理想而进行的活生生的实践中

　　C．当社会理想同个人理想有矛盾冲突的时候，应当使个人的理想服从于社会理想

　　D．当社会理想同个人理想有矛盾冲突的时候，应当使社会理想适应于个人理想

13. 下列关于理想与现实的关系，表述正确的有（　　）。

　　A．理想受现实的规定和制约，不能脱离现实而幻想未来

　　B．现实中包含着理想的因素，孕育着理想的发展，在一定条件下，现实必定要转化为理想

　　C．理想中包含着现实中必然发展的因素

　　D．在一定的条件下，理想和现实可以是完全等同的

三、简答题

1. 简述理想的特征。
2. 简述理想与信念的关系。
3. 简述理想信念的作用及其对大学生成长成才的重要意义。
4. 简述树立中国特色社会主义共同理想的要求。

5. 青年人应该如何理解"仰望星空与脚踏实地"的关系?
6. 应该如何在实践中化理想为现实?

四、分析题（要求结合所学知识分析材料回答问题）

1. 结合材料回答问题：(2014年研究生入学考试题目)

鹦哥岭是海南省陆地面积最大的自然保护区、区内分布着完整的垂直带谱，在我国热带雨林生态系统保存上独占鳌头，这里山高路远，条件艰苦，一直难以招聘到具有较高专业素质的工作人员。

一、鹦哥岭来了大学生

自2007年起，先后有27名大学毕业生（2名博士、4名硕士、21名本科生）放弃大城市的优越生活，陆续从全国各地来到鹦哥岭保护区工作，山脚下一排破旧平房中的两间就是他们的家。"孩子们，这里的黎苗兄弟说是以种田为主，实际上就是种些橡胶、靠山吃山……你们来任务重啊！在关爱森林的同时，还要想法帮这里的百姓致富！"老站长的一席话，像重锤一样敲击着大家。"我们不会让鹦哥岭失望的！"大家不约而同地喊出声。

（第二部分略）

三、鹦哥岭有了护林员

鹦哥岭周边有103个自然村，近2万村民。看到村民大片砍伐雨林种山芝、香蕉，作为环境保护者，大学生们痛心疾首。但习惯靠山吃山的当地百姓说，"让我们放下砍刀，放下猎枪绝对不行！"大学生们克服阻力，用真诚和智慧动员招募了270名护林员，并与他们一起，用一个多月的时间，走了近209公里，埋下了近400根桩和50多块界碑，为鹦哥岭保护区筑起了一道看得见的保护网。

四、鹦哥岭有了农业示范田

鹦哥岭是海南的贫困山区，为帮助当地黎苗族百姓脱贫致富，大学生们特地去外地取经，在鹦哥岭通过试点后大面积推广"稻鸭共育"的方法，带动当地人致富，农户们在稻田里骄傲地插上了"农业示范田"的牌子，接着大学生们又推广林下经济，在橡胶树下种菜、种瓜、养鸡，并帮助当地人建起了环保厕所，改造了猪圈，改善了居住的环境……当地百姓手里有了钱,靠上山砍树卖钱的人越来越少了,看到这一切,大学生们说,"我们感到由衷的幸福和快乐,也深切地感受到,这就是我们工作的意义和存在的价值。"

5年过去了,27名大学生一直坚守在鹦哥岭,他们甘于寂寞,乐于奉献。发现新的物种,是敬业的科研工作者;引来环保理念,是先进理念的传播者;心系百姓喜忧,是黎苗族兄弟的贴心人。一份职业,背负三份责任,三个角色的完美融合,让我们看到了甘于寂寞的坚守力量和不甘于寂寞的奋斗精神,也让我们懂得了自己手中的笔,脚下的路,心中的秤要靠什么来指引,他们选择了一种有远见的生活方式。

每到毕业季,总有一些大学毕业生发出"理想很丰满,现实很骨感"的感慨,究竟如何看待理想与现实的关系,鹦哥岭的大学生们用他们的实际行动给出了最响亮的回答。

(1) 为什么说鹦哥岭的大学生选择的是"一种有远见的生活方式"?

(2) 怎样看待"理想很丰满,现实很骨感"这种说法?

2. 结合材料回答问题:

材料一:

没有理想信念,理想信念不坚定,精神上就会"缺钙",就会得"软骨病"。一个国家、一个民族、一个政党,任何时候任何情况下都必须树立和坚持明确的理想信念。中华民族5000多年沧桑岁月,把56个民族、13亿多人紧紧凝聚在一起的,就是我们共同坚守的理想信念。广大青年要坚定理想信念,练就过硬本领,勇于创新创造,矢志艰苦奋斗,锤炼高尚品格,在实现中国梦的生动实践中放飞青春梦想,在为人民利益的不懈奋斗中书写人生华章。

——习近平

材料二:

北大原校长王恩哥在接受《光明日报》采访时说,在北大,教育的首要任务是激发学生志存高远。领军人物与技术型人才有着质的不同:领军人物具有高远的理想和强烈的使命感。在一个实用主义充斥

第一章　追求远大理想　坚定崇高信念

的世界里，北大始终坚持个人成功与理想主义完美结合的理念。北大的目标从来不是培养技术专精而心胸狭窄、格调低下的人物。在我们的教育目标里，除了对学生进行具体学科领域的扎实训练外，还非常注重鼓励和帮助学生建立理性思维、批判性思维和创造性思维，从历史的广度和哲学的深度来思考各种问题。

结合上述材料，谈谈你对当代大学生树立和实现远大理想的理解。

【答案及解析】

一、单项选择题

1．B【解析】梦想和幻想，不一定具有"实现可能性"，可以排除。信念除了向往与追求之外，还需要"坚信不疑并身体力行的心理态度和精神状态"。本题考查理想的概念，B选项正确，注意理想与信念概念的区分。

2．A【解析】本题考查信念的概念，A选项正确，幻想和梦想未必是建立在"一定的认识基础上"的。包括理想在内，都未必能达到"坚信不疑并身体力行"的程度。本题注意理想与信念概念的区分。

3．D【解析】本题考查马克思主义的特点。教材中指出，马克思主义是科学的又是崇高的；马克思主义具有持久的生命力；马克思主义以改造世界为己任。ABCD四个选项都反应了马克思主义的特点，但D选项马克思主义重视实践与马克思主义以改造世界为己任是同一个意思，最符合题意。

4．C【解析】本题考查立志高远与始于足下的关系。"千里之行，始于足下"点题，比较直观地强调了立志须躬行的要求。ABC三个选项共同反映了立志高远与始于足下的关系。C选项更符合题意。

5．D【解析】本题考查中国梦。中华民族近代以来最伟大的梦想，就是中华民族的伟大复兴，即D选项。无论是社会主义制度，还是共产主义制度，都是中国梦的制度载体，而非中国梦本身，故A选项错误。中华民族的解放与独立已经实现，而非梦想，故BC选项错误。

6．D【解析】本题考查理想实现的根本途径。ABD选项都与理想的实现有关，其中 A 选项是实现理想的思想基础，B 选项是理想实现的重要条件，D 选项是理想实现的途径。C 选项为干扰项。

7．B【解析】本题考查理想实现的重要条件，解析参见上题。

8．A【解析】本题考查理想实现的思想基础，解析参见上题。

二、多项选择题

1．ABD【解析】A 选项源自理想的概念。BD 选项源自理想的特征。C 选项的前半段正确的表达了理想的特征，后半段源自理想的概念，但表述错误，理想一定是具有实现可能性的，否则就是空想和幻想了。理想未必能实现，但这和理想的实现可能性，是两个层面的问题。

2．CD【解析】A 选项是依据理想性质的划分；B 选项是依据理想主体的划分；CD 选项都是依据理想内容的划分。除此之外，理想还可以从时序上划分为长远理想和近期理想等。

3．BCD【解析】信念虽然具有一定的稳定性，是不易改变的。但稳定性也不是绝对的，也不是不能改变的。科学的信念必然会随着客观实际的改变而与时俱进，不断充实、调整和完善，在不断变化的现实考验中变得更加稳定、更加坚强。因而 A 选项错误。B 选项说明了信念的不同层次，其中信仰是最高层次的信念，B 选项正确。CD 选项说明在很多情况下，理想亦是信念，信念亦是理想。

4．AB【解析】民族的独立与解放已经实现，而共产主义伟大事业是一个长远的目标。当代大学生的历史使命只能是建设和发展中国特色社会主义、实现中华民族伟大复兴。故 AB 正确。

5．ABCD【解析】本题考查将马克思主义作为指导思想的依据。马克思主义作为我们党和国家的根本指导思想，是由马克思主义严密的科学体系、鲜明的阶级立场和巨大的实践指导作用决定的，是近代以来中国历史发展的必然结果，是中国人民长期探索的历史选择。ABCD 四个选项仅仅从正统性和正面性上判断，就知道全部为正确选项。

6．AD【解析】本题考查马克思主义中国化的两大理论成果。中国共产党人坚持把马克思主义的基本原理同中国革命、建设和改革的具体实践相结合，形成了毛泽东思想和中国特色社会主义理论体系两大理论成果。即 AD 选项。BC 选项内容隶属于 D 选项。

7. ABD【解析】本题考查马克思主义的特点。解析参见单选题第 3 题。C 选项错误，马克思主义不是一成不变的，而是与时俱进的发展的理论。

8. CD【解析】本题考查我国现阶段各族人民的共同理想。建设中国特色社会主义、实现中华民族伟大复兴，是现阶段我国各族人民的共同理想。A 选项内容不及 C 选项完整准确，或者说 A 选项隶属于 C 选项。B 选项为远大理想，目前而言，是党员和先进分子的理想，而非现阶段各族人民的共同理想。故 CD 选项正确。

9. ABC【解析】本题考查中国特色社会主义共同理想的实现。D 选项是错误比较明显的干扰项，中国特色恰恰是和西方经验相区别的。ABC 选项中的"三信"是实现中国特色社会主义共同理想的重要条件。

10. ABC【解析】本题考查中国梦。习近平在第十二届全国人民代表大会第一次会议上的讲话中指出，实现中华民族伟大复兴的中国梦，就是要实现国家富强、民族振兴、人民幸福，既深深体现了今天中国人的理想，也深深反映了先人们不懈追求进步的光荣传统。故 ABC 选项正确。D 选项睦邻友好，是我们处理国际关系中的一项原则，与题意不符。

11. ABC【解析】本题考查中国梦。习近平在第十二届全国人民代表大会第一次会议上的讲话中指出，实现中国梦必须走中国道路、弘扬中国精神、凝集中国力量。故 ABC 选项正确。所谓中国道路，即中国特色社会主义道路；所谓中国精神，即以爱国主义为核心的民族精神，以改革创新为核心的时代精神；所谓中国力量，即中国各族人民大团结的力量。D 选项坚持国际接轨与走中国道路有矛盾，故不选。

12. ABC【解析】本题考查个人理想与社会理想的关系。强调个人理想要符合社会理想，并不是要排斥和抹杀个人理想，而是要摆正个人理想同社会理想的关系。社会理想是个人理想的凝聚和升华，代表和反映着人们的共同愿望和根本利益，归根到底要靠全体社会成员的共同努力来实现,并具体体现在每个社会成员为实现个人理想而进行的活生生的实践中。当社会理想同个人理想有矛盾冲突的时候,有志气、有抱负的人可以作出最大的自我牺牲,使个人的理想服从于全社会的共同理想。CD 选项的内容恰恰相反,从形式上就可以判断至少有一个项是错误的。D 选项错误。

13. ABC【解析】本题考查理想与现实的辩证关系。富有哲学意味,闪耀着辩证法的光辉,具有一定难度。

理想和现实存在着对立的一面。理想受现实的规定和制约,不能脱离现实而幻想未来。理想与现实的矛盾与冲突,属于"应然"和"实然"的矛盾。假如理想与现实完全等同,那么理想的存在就没有意义。故 D 选项错误。

理想与现实又是统一的。理想之树深深扎根于现实的沃土之中,理想是在对现实认识的基础上发展起来的。现实是理想的基础,理想是未来的现实。一方面,现实中包含着理想的因素,孕育着理想的发展,在一定条件下,现实必定要转化为理想。另一方面,理想中也包含着现实,既包含着现实中必然发展的因素,又包含着由理想转化为现实的条件;在一定的条件下,理想就可以转化成为未来的现实。脱离现实而谈理想,理想就会成为空想。

三、简答题答案要点

1.（1）理想是一定社会关系的产物。它必然带有特定时代的烙印,在阶级社会中,还必然带有特定阶级的烙印。

（2）理想源于现实,又超越现实。科学的理想是人的主观能动性与社会发展客观趋势的一致性的反映,它是人们在社会实践基础上,对社会历史发展客观规律的正确把握,因而对人们有着巨大的感召力,对社会实践具有重要的指导作用。

（3）理想是多方面和多类型的。根据不同的标准可以划分出不同的理想类型。

2. 在人的生命历程中,理想和信念总是如影随形、相互依存。理想是信念的根据和前提，信念则是实现理想的重要保障。在很多情况下，理想亦是信念，信念亦是理想。当理想作为信念时，它是指人们确信的一种观点和主张；当信念作为理想时，它是与奋斗目标相联系的一种向往和追求。

3. 理想信念的作用体现在：指引人生的奋斗目标；提供人生的前进动力；提高人生的精神境界。理想信念对于同学们成长成才具有重要的意义，它引导大学生做什么人，指引大学生走什么路，激励大学生为什么学。

4.（1）坚定对中国共产党的信任。（2）坚定中国特色社会主义信念。（3）坚定实现中华民族伟大复兴的信心。

5.（1）立志当高远。志向高远，就是要放开眼界，不满足于现状，也不屈服于一时一地的困难与挫折，更不要斤斤计较于个人私利的多少与得失。(仰望星空)

（2）立志做大事。新时代的大学生应该把个人的命运与国家和人民的命运联系在一起，胸怀祖国，服务人民，立志为祖国和人民的利益而奋斗，在为实现社会理想而奋斗的过程中实现个人理想。

（3）立志须躬行。实现崇高的理想，要从我做起，从现在做起，从平凡的工作做起。(脚踏实地)

6.（1）正确认识理想与现实的关系是实现理想的思想基础。

（2）坚定的信念是实现理想的重要条件。

（3）勇于实践、艰苦奋斗是实现理想的根本途径。

四、分析题答案要点

1.（1）鹦哥岭的大学生选择的是"一种有远见的生活方式"。是因为他们胸有大志，确立了崇高的理想信念。他们志向高远，放开眼界，不满足于现状，也不屈服于一时一地的困难与挫折，更不要斤斤计较于个人私利的多少与得失。他们把个人的命运与国家和人民的命运联系在一起，胸怀祖国，服务人民，立志为祖国和人民的利益而奋斗，在为实现社会理想而奋斗的过程中实现个人理想。社会理想是个人理想的凝聚和升华,代表和反映着人们的共同愿望和根本利益,归根到底要靠全体社会成员的共同努力来实现,并具体体现在每个社会成员为实现个人理想而进行的活生生的实践中。当社会理想同个人理想有矛盾冲突的时候,有志气、有抱负的人可以作出最大的自我牺牲,使个人的理想服从于全社会的共同理想。实现崇高的理想,要从我做起,从现在做起,从平凡的工作做起。

(2)"理想很丰满,现实很骨感"说明了理想和现实之间的矛盾。理想和现实存在着对立的一面。理想受现实的规定和制约,不能脱离现实而幻想未来。理想与现实的矛盾与冲突,属于"应然"和"实然"的矛盾。假如理想与现实完全等同,那么理想的存在就没有意义。理想与现实又是统一的。理想之树深深扎根于现实的沃土之中,理想是在对现实认识的基础上发展起来的。现实是理想的基础,理想是未来的现实。在一定的条件下,理想就可以转化成未来的现实。脱离现实而谈理想,理想就会成为空想。理想必须通过实践才能转变为现实。艰苦奋斗是我们的传家宝。践行艰苦奋斗精神,是当代大学生实现理想的根本途径。

2.(1)理想作为一种精神现象,是人类社会实践的产物。理想是人们在实践中形成的、有可能实现的、对未来社会和自身发展的向往与追求,是人们的世界观、人生观和价值观在奋斗目标上的集中体现。

(2)理想源于现实,又超越现实。理想在现实中产生,但它不是对现状的简单描绘,而是与奋斗目标相联系的未来的现实,是人们的要求和期望的集中表达,它激励着人们在现实生活中一步步地为实现理想目标而奋斗。

(3)当代大学生要树立中国特色社会主义共同理想,坚定对中国共产党的信任,坚定中国特色社会主义信念,坚定实现中华民族伟大复兴的信心。

(4)要实现个人远大理想,就必须坚持个人理想与社会理想的统一,认清实现理想的长期性、艰巨性和曲折性,将勇于实践、健康奋斗、提高自身综合素质作为实现理想的根本途径。

第二章 继承爱国传统 弘扬中国精神

【体系框架】

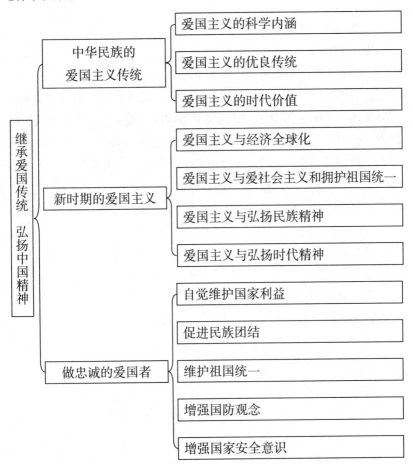

【要点】

第一节 中华民族的爱国主义传统

一、爱国主义的科学内涵

1. 内涵：爱国主义体现了人民群众对自己祖国的深厚感情，反映了个人对祖国的依存关系，是人们对自己故土家园、民族和文化的归属感、认同感、尊严感与荣誉感的统一。它是调节个人与祖国之间关系的道德要求、政治原则和法律规范，也是民族精神的核心。

2. 基本要求：爱祖国的大好河山；爱自己的骨肉同胞；爱祖国的灿烂文化；爱自己的国家。

3. 特点：爱国主义是历史的、具体的，在不同的历史时代和文化背景下所产生的爱国主义，总是具有不同的内涵。爱国主义随着国家的产生而产生，随着国家的发展而发展。在未来的共产主义社会，国家消亡后，爱国主义就会失去存在的条件和意义。在阶级社会中，爱国主义具有阶级性，不同的阶级对待祖国的感情，既有一致的方面，也有差异的方面，甚至有对立的方面。

4. 现阶段爱国主义的内容：在现阶段，爱国主义主要表现在献身于建设和保卫社会主义现代化事业，献身于促进祖国统一大业。

二、爱国主义的优良传统

1. 热爱祖国，矢志不渝。"苟利国家生死以，岂因祸福避趋之""位卑未敢忘忧国""报国之心，死而后已"等名言，都寄托了对祖国矢志不渝的热爱和一片赤诚之心。

2. 天下兴亡，匹夫有责。"先天下之忧而忧，后天下之乐而乐"，"天下兴亡、匹夫有责"等思想深刻表达了中华民族的爱国情怀。

3. 维护统一，反对分裂。

4. 同仇敌忾，抗御外侮。

三、爱国主义的时代价值

1. 爱国主义是中华民族继往开来的精神支柱。
2. 爱国主义是维护祖国统一和民族团结的纽带。
3. 爱国主义是实现中华民族伟大复兴的动力。
4. 爱国主义是个人实现人生价值的力量源泉。

第二节　新时期的爱国主义

一、爱国主义与经济全球化

1. 经济全球化形势下要弘扬爱国主义

在经济全球化的条件下，国家仍然是民族存在的最高组织形式，是国际社会活动中的独立主体。只要国家继续存在，爱国主义就有其坚实的基础和丰富的意义。我们在参与经济全球化的过程中，必须坚定地捍卫自己国家的利益，这就更需要爱国主义的支撑。

经济全球化是一把双刃剑，既是机遇，更是挑战。现实情况表明，经济全球化背景下，发展中国家不仅要面对经济方面的挑战，而且也必然要面对政治和文化上的挑战。西方发达国家利用经济、科技和军事等方面的优势，竭力输出它们的政治观、价值观、文化观和生活方式，力图主导经济全球化进程，把发展中国家纳入西方的发展模式和发展轨道。在这种情况下，更需要大力弘扬爱国主义，维护本国、本民族的利益。爱国主义不是狭隘的民族主义，也不是大国沙文主义。要正确处理热爱祖国与关爱世界、为祖国服务与尽国际义务、维护世界和平与促进共同发展的关系。

2. 经济全球化与当代大学生的爱国主义

（1）人有地域和信仰的不同，但报效祖国之心不应有差别。
（2）科学没有国界，但科学家有祖国。
（3）经济全球化过程中要始终维护国家的主权和尊严。

二、爱国主义与爱社会主义和拥护祖国统一

1. 新时期爱国统一战线：包括全体社会主义劳动者、社会主义事业的建设者、拥护社会主义的爱国者和拥护祖国统一的爱国者的广泛的爱国统一战线。

2. 爱国主义与爱社会主义的一致性

爱国主义与爱社会主义的统一是中国历史发展的必然结果。中国的历史和现实充分证明，只有社会主义才能救中国，只有改革开放才能发展中国、发展社会主义。"没有共产党就没有新中国"，这同样是中国的历史和现实所昭示的真理。中国共产党是中国特色社会主义事业的坚强领导核心。爱国主义与爱社会主义、爱中国共产党、爱人民政府，具有深刻的内在一致性。

3. 爱国主义与拥护祖国统一的一致性

爱国主义与拥护祖国统一的一致性，不仅是对生活在中国大陆的中国公民的要求，而且是对全体中华儿女包括港澳台同胞以及海外侨胞的基本要求。在这个问题上，爱国与否是最基本的政治原则。

三、爱国主义与弘扬民族精神

1. 概念：民族精神，是指一个民族在长期共同生活和社会实践中形成的，为本民族大多数成员所认同的价值取向、思维方式、道德规范、精神气质的总和。

2. 内涵：在五千多年的发展中，中华民族形成了包括：爱国主义（中华民族精神的核心）、团结统一（中华民族的立身之本）、爱好和平、勤劳勇敢、自强不息（它具体体现为"富贵不能淫、贫贱不能移、威武不能屈"的坚贞刚毅品质，体现为"夸父追日""精卫填海""大禹治水""愚公移山"等不屈不挠的精神，体现为"因时而变""随时而制""与时偕行""与日俱新"等与时并进的精神。）的伟大民族精神。中华民族精神是社会主义核心价值体系的重要组成部分。

四、爱国主义与弘扬时代精神

1. 概念：时代精神，是在新的历史条件下形成和发展的，是体现民族特质、顺应时代潮流的思想观念、行为方式、价值取向、精神风貌和社会风尚的总和。

时代精神是民族精神的时代性体现，民族精神是时代精神形成的重要基础和依托，两者的有机统一，构成了社会主义核心价值体系的重要内容。

2. 内涵：在新的历史条件下，发扬爱国主义传统要把弘扬民族精神与弘扬时代精神有机统一起来，坚持解放思想、实事求是，与时俱进、勇于创新，知难而进、一往无前，艰苦奋斗、务求实效，淡泊名利、无私奉献，大力弘扬以改革创新为核心的时代精神。改革创新又包括，理论创新、制度创新、科技创新、文化创新以及其他方面的创新。实践基础上的理论创新是社会发展和变革的先导。制度创新是其他一切创新的重要保障。科技创新能力是国家竞争力的核心。大力推进文化创新是繁荣发展社会主义先进文化的需要。

3. 为什么说改革创新是时代精神的核心。

（1）改革创新是进一步解放和发展生产力的必然要求。

（2）改革创新是建设社会主义创新型国家的迫切需要。

（3）改革创新是落实科学发展观、构建社会主义和谐社会的重要条件。

第三节　做忠诚的爱国者

爱国主义包含着情感、思想和行为三个基本方面。其中，情感是基础，思想是灵魂，行为是体现。爱国行为是爱国主义精神的落脚点和归宿。

一、自觉维护国家利益

1. 自觉维护国家利益，就要承担对国家应尽的义务。每一个中国公民都要把国家的安全、荣誉和利益放在高于一切的地位,与祖国同呼吸共命运。

2. 自觉维护国家的利益,就要维护改革发展稳定的大局。

3. 自觉维护国家利益,就要树立民族自尊心和自豪感。坚定的民族自尊心和自豪感,是维护国家利益、促进民族进步的取之不尽、用之不竭的强大精神动力。

二、促进民族团结

1. 要深化对党的民族理论和民族政策的认识,认真学习国家关于民族事务的法律法规,不断增强对中华民族的归属感,对中华文化的认同感,对伟大祖国的自豪感。

2. 要立足生活实际,坚持从自身做起,在与其他民族同胞接触交往的日常生活中,尊重兄弟民族的传统文化、风俗习惯和宗教信仰。

3. 要坚持原则、明辨是非,旗帜鲜明地与破坏民族团结的行为作斗争。坚决捍卫民族团结进步、共同繁荣发展的大好局面。

三、维护祖国统一

我们要始终坚持一个中国原则。我们要持续推进两岸交流合作。我们要努力促进两岸同胞团结奋斗。我们要坚决反对"台独"分裂图谋。《反分裂国家法》的制定和实施,表明了全中国人民坚决反对"台独"、捍卫国家主权和领土完整的共同意志和坚定决心。

四、增强国防观念

1. 增强国防观念是新时期爱国主义的重要内容

国防观念是指一个国家和民族对国防建设的目的、内容、途径和重要性等问题的认识,它主要包括国防忧患意识、国防目标意识、国防价值意识、国防责任意识、国防法制意识和国防献身意识等。

2. 增强国防观念的重要意义

(1)增强国防观念,是大学生报效祖国、弘扬爱国主义精神的重要体现。

(2)增强国防观念,是大学生履行国防义务、关心支持国防和军队建设的必然要求。

(3)增强国防观念,是大学生提高综合素质、促进自身全面发展的迫切需要。国防素质,是每个大学生应当具备的基本素质之一。

五、增强国家安全意识

(一)确立新的国家安全观

国家安全一般是指一个国家不受内部和外部的威胁、破坏而保持稳定有序的状态。传统的国家安全观将国家安全理解为政治安全和国防安全,即主权独立、领土安全、政治稳定等。新的国家安全观不仅包括传统的政治安全和国防安全,还包括经济安全、科技安全、文化安全、生态安全、社会公共安全等。

1. 政治安全和国防安全是国家安全的支柱与核心。没有政治安全和国防安全,就根本不可能有国家安全。政治安全是指国家的政治制度和政治形势保持稳定,不受国内外敌对势力的破坏和颠覆。国防安全是指国家的领土、领海和领空安全,不受外来军事威胁或侵犯。

2. 经济安全是国家安全的基础,是指国民经济能够抗御国内外各种经济风险而保持平稳有序运行的态势,包括金融安全、能源安全、贸易安全、粮食安全等。

3. 科技安全是指国家的科学技术系统能够有效地应对来自内部和外部的威胁,维护和实现国家利益的能力和状态。

4. 文化安全是指一国人民能够独立自主地选择自己的价值观念、文化制度,独立自主地控制和利用自己的文化资源。由于科技发展和经济全球化趋势带来的影响,网络安全、信息安全问题变得非常突出,要保证国家的文化安全,必须特别重视网络安全和信息安全。

5. 生态安全是指国家所处的自然生态环境能够维系其经济、社会的可持续发展。

6. 社会公共安全是国家预防、控制、处理各种违法犯罪活动和突发灾害事故,以维护社会治安,保障社会正常的工作和生活秩序,保护国家和人民生命财产的安全。社会公共安全不仅包括传统意义上的社会治安，还包括越来越重要的生产安全、公共卫生安全和食品药品安全等。

（二）自觉履行维护国家安全的义务

1. 维护国家安全的主要义务有：

（1）依法服兵役和参加民兵组织的义务。

（2）保守国家秘密的义务。

（3）为国防建设和国家安全提供便利条件或其他协助的义务。

（4）在国家安全机关调查了解有关危害国家安全的情况下如实提供有关证据的义务。

（5）及时报告危害国家安全行为的义务。

（6）不得非法持有、使用专用间谍器材的义务等。

2. 在新的历史时期，大学生应当以振兴中华为己任，担当起实现中国梦的历史使命，努力做到立报国之志、增建国之才、践爱国之行，为国家和民族作出应有的贡献，做一个忠诚的爱国者。

【试题】

一、单项选择题

1. 爱国主义精神的落脚点和归宿是（　　）。

A. 爱国情感　　　　B. 爱国思想
C. 爱国理想　　　　D. 爱国行为

2. 下列选项体现了人民群众对自己祖国的深厚感情，反映了个人对祖国的依存关系，以及人们对自己故土家园、民族和文化的归属感、认同感、尊严感与荣誉感的是（　　）。

A. 爱国主义　　　　B. 民族精神
C. 时代精神　　　　D. 民族文化

3. 古人云："苟利国家生死以，岂因祸福避趋之。"这句话集中反映我国爱国主义优良传统的是（　　）。

A. 热爱祖国，矢志不渝　　B. 天下兴亡，匹夫有责
C. 维护统一，反对分裂　　D. 同仇敌忾，抗御外侮

4. 中华民族的民族精神具有丰富的内涵，其中居于核心地位的是（　　）。

　　A．爱国主义　　　　　　B．团结统一
　　C．爱好和平　　　　　　D．自强不息

5. 在五千多年的发展中，中华民族形成了以爱国主义、团结统一、爱好和平、勤劳勇敢、自强不息的伟大民族精神。其中中华民族的立身之本是（　　）。

　　A．团结统一　　　　　　B．爱好和平
　　C．勤劳勇敢　　　　　　D．自强不息

6. 中华民族精神源远流长，包含着丰富的内容，其中，夸父追日、大禹治水、愚公移山、精卫填海等动人的传说，体现了中华民族（　　）的精神。

　　A．勤劳勇敢　　　　　　B．团结统一
　　C．自强不息　　　　　　D．爱好和平

7. 在当代中国，时代精神具有丰富的内涵，其中具有核心地位的是（　　）。

　　A．解放思想　　　　　　B．实事求是
　　C．无私奉献　　　　　　D．改革创新

8. 一个民族在长期共同生活和社会实践中形成的，为本民族大多数成员所认同的价值取向、思维方式、道德规范、精神气质的总和称为（　　）。

　　A．爱国主义　　　　　　B．民族精神
　　C．时代精神　　　　　　D．核心价值体系

9. 新的历史条件下形成和发展的、体现民族特质、顺应时代潮流的思想观念、行为方式、价值取向、精神风貌和社会风尚的总和称为（　　）。

　　A．爱国主义　　　　　　B．民族精神
　　C．时代精神　　　　　　D．核心价值体系

10. 下列选项属于社会变革和发展先导的是（　　）。

A. 理论创新　　　　　　B. 制度创新
C. 科技创新　　　　　　D. 文化创新

11. 当今世界，综合国力的竞争深刻表现为一场世界范围内的"创新力"的竞争。一个国家竞争力的核心是（　　）。

A. 实践基础上的理论创新　B. 制度创新
C. 科技创新能力　　　　　D. 文化创新

12. 将我国关于解决台湾问题的大政方针具体化、法律化的规范性文件是（　　）。

A.《国防法》　　　　　　B.《国防教育法》
C.《国家安全法》　　　　D.《反分裂国家法》

13. 国家安全一般是指一个不受内部和外部的威胁、破坏而保持稳定有序的状态。其中国家的领土、领海和领空不受外来军事威胁或侵犯的安全，指的是（　　）。

A. 政治安全　　　　　　B. 国防安全
C. 生态安全　　　　　　D. 社会公共安全

14. 由于科技发展和经济全球化趋势带来的影响，网络安全、信息安全问题变得非常突出，网络信息安全隶属于下列哪项国家安全的范畴（　　）。

A. 政治安全　　　　　　B. 国防安全
C. 文化安全　　　　　　D. 社会公共安全

15. 全新的国家安全观包含着丰富的内容，其中食品药品安全问题，隶属于下列哪项国家安全的范畴（　　）。

A. 政治安全　　　　　　B. 经济安全
C. 生态安全　　　　　　D. 社会公共安全

二、多项选择题

1. 下列选项中，属于我国爱国主义优良传统的有（　　）。

A. 一屋不扫何以扫天下　B. 天下兴亡，匹夫有责
C. 维护统一，反对分裂　D. 同仇敌忾，抗御外侮

2. 在现阶段，我国爱国主义的主要内容有（　　）。

A. 同仇敌忾，抗御外侮

B. 献身于促进祖国统一大业

C. 发愤图强，实现共产主义

D. 献身于建设和保卫社会主义现代化事业

3. 下列选项中，属于我国民族精神内涵的有（　　）。

A. 勤劳勇敢　　　　　　B. 团结统一

C. 爱好和平　　　　　　D. 尊老爱幼

4. 下列关于爱国主义特点的表述，正确的有（　　）。

A. 爱国主义是人类对自己的国家亘古不变的情感

B. 爱国主义是历史的、具体的

C. 爱国主义具有阶级性

D. 在未来的共产主义社会，国家消亡后，爱国主义就会失去存在的条件和意义

5. 爱国主义的时代价值表现在（　　）。

A. 中华民族继往开来的精神支柱

B. 维护祖国统一和民族团结的纽带

C. 实现中华民族伟大复兴的动力

D. 个人实现人生价值的力量源泉

6. 下列关于中华民族精神的弘扬和培育，说法正确的有（　　）。

A. 弘扬和培育民族精神，就是要大力弘扬和培育近代以来中国人民在争取民族独立和人民解放、实现国家富强和人民共同富裕的历史进程中形成的伟大民族精神

B. 弘扬和培育民族精神，要立足于中国特色社会主义建设事业的伟大实践，反映社会主义初级阶段的基本特征

C. 弘扬和培育民族精神，要反映完善社会主义市场经济体制的现实需要，反映发展社会主义先进文化的前进方向

D. 弘扬和培育民族精神，要坚持古为今用、洋为中用，以我为主、为我所用的原则，不断丰富民族精神的时代内涵

7. 当代中华民族的时代精神具有丰富的内涵，下列选项属于我国时代精神内涵的有（   ）。
   A．解放思想、实事求是   B．与时俱进、勇于创新
   C．知难而进、一往无前   D．艰苦奋斗、务求实效
8. 改革创新是时代精神的核心，其内容包括（   ）。
   A．理论创新   B．制度创新
   C．科技创新   D．文化创新
9. 改革创新作为时代精神的核心，是因为改革创新是（   ）。
   A．进一步解放和发展生产力的必然要求
   B．建设社会主义创新型国家的迫切需要
   C．落实科学发展观的重要条件
   D．构建社会主义和谐社会的重要条件
10. 做忠诚的爱国者，就应该（   ）。
   A．自觉维护国家利益
   B．增强国防观念
   C．增强国家安全意识
   D．促进民族团结和维护祖国统一
11. 做忠诚的爱国者，自觉维护国家利益，就应该自觉（   ）。
   A．承担对国家应尽的义务
   B．维护改革发展稳定的大局
   C．树立民族自尊心和自豪感
   D．加入到"支持国货、抵制洋货"的行动中来
12. 促进民族团结进步是各个民族每一个成员的神圣职责和光荣义务，下列举措正确的有（   ）。
   A．深化对党的民族理论和民族政策的认识，认真学习国家关于民族事务的法律法规
   B．不断增强对中华民族的归属感，对中华文化的认同感和对伟大祖国的自豪感
   C．坚持从自身做起，尊重兄弟民族的传统文化、风俗习惯和宗

教信仰

D. 坚持原则、明辨是非，旗帜鲜明地与破坏民族团结的行为作斗争

13. 推动两岸关系发展，实现祖国和平统一，应当遵循的方针政策是（　　）。

A. "和平统一、一国两制"的方针

B. 现阶段发展两岸关系、推进祖国和平统一进程的八项主张

C. 坚持一个中国的原则决不动摇、争取和平统一的努力决不放弃

D. 贯彻寄希望于台湾人民的方针决不改变、反对"台独"分裂活动决不妥协

14. 国防观念是指一个国家和民族对国防建设的目的、内容、途径和重要性等问题的认识，下列意识属于国防观念的有（　　）。

A. 国防忧患意识　　　　B. 国防目标意识
C. 国防价值意识　　　　D. 国防献身意识

15. 当代青年要做忠诚的爱国者，就要以振兴中华为己任，努力做到（　　）。

A. 立报国之志　　　　　B. 增建国之才
C. 践爱国之行　　　　　D. 怀民族之恨

16. 爱国主义体现了人民群众对自己祖国的深厚感情，反映了个人对祖国的依存关系，是人们对自己故土家园、民族和文化的归属感、认同感、尊严感与荣誉感的统一。在我国，爱国主义（　　）。

A. 既是道德要求，又是法律规范

B. 既继承了优良传统，又具有时代特征

C. 体现了爱国主义与爱社会主义的一致性

D. 体现了爱国主义与拥护祖国统一的一致性

17. 1955 年，钱学森冲破重重阻力，回到魂牵梦绕的祖国。当有人问他为什么回国时，他说："我为什么要走回归祖国这条道路？我认为道理很简单——鸦片战争近百年来，国人强国梦不息，抗争不断。革命先烈为兴邦，为了炎黄子孙的强国梦，献出了宝贵的生命，血沃

中华热土。我个人作为炎黄子孙的一员,只能追随先烈的足迹。在千万般艰险中,探索追求,不顾及其他,再看看共和国的缔造者和建设者们,在百废待兴的贫瘠土地上,盯住国内的贫穷,国外的封锁,经过多少个风风雨雨的春秋,让一个社会主义新中国屹立于世界东方。想到这些,还有什么个人利益不能丢弃呢?"钱学森发自肺腑的言语,对我们在新时期弘扬爱国主义精神的启示是(　　)。

A．科学没有国界,但科学家有祖国

B．个人的理想要与国家的命运、民族的命运相结合

C．爱国主义与爱社会主义具有深刻的内在一致性

D．爱国主义是爱国情感、爱国思想和爱国行为的高度统一

18．中央民族的爱国主义优良传统源远流长,内涵极为丰富,下列数据中反映爱国主义优良传统的有(　　)。

A．寄意寒星荃不察,我以我血荐轩辕

B．四万万人齐下泪,天涯何处是神州

C．位卑未敢忘忧国,事定犹须待阖棺

D．苟利国家生死以,岂因祸福避趋之

19．经济安全是国家安全的基础,是指国民经济能够抗御国内外各种经济风险而平稳有序运行的态势,下列选项属于经济安全的有(　　)。

A．生产安全　　　　　B．能源安全
C．贸易安全　　　　　D．粮食安全

20．国家安全一般是指一个不受内部和外部的威胁、破坏而保持稳定有序的状态。传统的国家安全观将国家安全理解为(　　)。

A．政治安全　　　　　B．国防安全
C．生态安全　　　　　D．社会公共安全

21．国家安全一般是指一个不受内部和外部的威胁、破坏而保持稳定有序的状态。其中,处于国家安全的支柱与核心地位的国家安全有(　　)。

A. 政治安全 B. 国防安全
C. 生态安全 D. 社会公共安全

三、简答题

1. 简述我国爱国主义的优良传统。
2. 简述民族精神的概念及中华民族精神的内涵。
3. 为什么说改革创新是中华民族时代精神的核心?
4. 如何做一个忠诚的爱国者?
5. 简述公民维护国家安全的主要义务。

四、分析题（要求结合所学知识分析材料回答问题）

1. 材料一：经济全球化，是一把利弊兼有的双刃剑，它既可能使中国的发展获得极其宝贵的历史契机，从而闯出一条中国式的现代化之路，争取早日进入发达国家的行列；也可能使我们迷失自我，虽然有所发展但却成为西方发达国家的附庸，或是根本发展不起来，继续拉大与发达国家的差距。这绝不是危言耸听。

(摘自魏胤亭，杨东《马克思主义中国化的内在逻辑》，天津人民出版社，2007年版)

材料二：新华社上海3月29日电　上海市第一中级人民法院29日下午对被告人胡士泰等非国家工作人员受贿、侵犯商业秘密案作出一审判决。

法院经审理查明，澳大利亚力拓有限公司驻上海代表处首席代表胡士泰及中方雇员王勇、葛民强、刘才魁，于2003年至2009年，利用职务上的便利，在对华铁矿石贸易中，多次索取或收受钱款，为他人谋取利益。其中，胡士泰收受人民币646万余元，王勇收受人民币7514万余元，葛民强收受人民币694万余元，刘才魁收受人民币378万余元。胡士泰、王勇、葛民强、刘才魁还采取利诱等不正当手段，获取中国钢铁企业商业秘密，严重影响和损害中国钢铁企业的利益，给中国有关钢铁企业造成巨大经济损失。其中，2009年中国20

余家企业多支出预付款 10.18 亿元,仅下半年的利息损失即达人民币 1170.3 万余元。

("力拓案一审宣判,胡士泰获刑 10 年"新华每日电讯 2010 年 3 月 30 日)

(1) 经济全球化形势下为何还要弘扬爱国主义?如何弘扬爱国主义?

(2) 谈谈全新国家安全观的内容以及经济安全的内涵和意义?

2. 材料:2008 年 2 月,已成为美国普林斯顿大学终身讲席教授的施一公,毅然辞职回到母校清华大学,在海外华人界引起了不小的震动。1990 年年初,施一公赴美深造,在全美一流的约翰·霍普金斯大学医学院攻读生物物理学及化学博士学位。1997 年 4 月,他还未完成博士后研究课题,就被普林斯顿大学分子生物学系聘为助理教授。普林斯顿大学给他提供了面积达 200 平方米的实验室和近 50 万美元的启动基金。在当时,这样的待遇是很多人都无法企及的。良好的科研条件和机制为施一公提供了施展才华的空间。短短 9 年间,他就获得了普林斯顿大学最高级别的教授职位,并很快成为学校分子生物学系的领军人物。施一公选择癌症作为自己的主攻方向,研究的课题是:细胞凋亡和癌症发生的分子机理。致癌原因一直是全球科学家致力研究的目标之一。2003 年,由于破解了这一类生命科学之谜,当时年仅 36 岁的施一公获得全球生物蛋白研究学会颁发的"鄂文西格青年研究家奖",成为这一奖项设立 17 年以来首位获奖的华裔学者。

事业的成功也给施教授带来了优越而幸福的家庭生活。在普林斯顿,学校资助他购买了 500 平方米的独栋别墅,他拥有 15 亩土地,一对龙凤胎儿女……

然而,面对广阔的事业发展前景,面对优越的生活条件,施一公却作出了一个让许多人为之惊讶而敬佩的决定:放弃这一切,全职回国,回到母校清华。在他看来,"爱国是最朴素的感情,有谁不爱自己的母亲呢"?

在清华,施教授开始了事业的新征程。他现在每天都工作 16 个小时以上。他说:"回到清华后,我每天早上都很激动,又是新的充实的一天，又可以做很多事情。当你很有理想、心情愉快的时候，就觉得特别有劲。"

尽管清华已尽其所能地为施一公的科研提供便利条件，但仍无法与他在普林斯顿大学的条件和环境相比。但这些毫不影响他回到祖国的兴奋与激情，他说："从中国第一个留学生容闳，到十大开国元帅中6位曾留学海外，23位"两弹一星"元勋中有21位是"海归"，海外留学人才推动了近代中国的进步。"他在博客中呼朋唤友："虽然北京的空气还有污染，虽然中国的科技体制还不完美，虽然国内的文化氛围还不够宽容，但这里是你的家，你的祖国，这里有你血脉相连的父老乡亲，他们对你充满了期望。而中国面临的问题和困难，也正为施展你的才能提供了最好的舞台！"

(《中国青年报》2008年12月31日)

结合材料谈谈经济全球化背景下，大学生应该如何弘扬爱国主义？

3. 材料：昨天，上千名中国民众在日本驻华大使馆门前抗议日本将钓鱼岛"国有化"，在表达爱国热情的过程中，民众保持了理性态度，现场秩序井然，未出现过激行为。参加反日抗议活动的人数有上千人，抗议队伍从天泽路开始，行进至安家楼村路路口附近的亮马收藏品市场掉头从另一侧返回，呈环形路线。路边的群众可以随时加入。抗议队伍打出"钓鱼岛是中国的"等标语，喊出了"誓死捍卫国家主权"等口号。示威者黄女士称，这已是她第三天参加游行，"你听我嗓子都哑了，我觉得我大声喊就是爱国。"示威者胡先生表示，钓鱼岛从古至今都是中国领土的一部分，主权问题不能退让，"老虎不发威他真以为我们是病猫，要给他们点颜色看看！"

(《京华时报》2012年9月17日)

(1) 针对当前的海岛危机，我国公民应该如何自觉维护国家利益？

(2) 当国家利益受到威胁，公民对国家应尽的法定义务有哪些？

(3) 当代大学生增强国防观念有何意义？

【答案及解析】

一、单项选择题

1．D【解析】本题考查对爱国主义的理解。爱国主义包含着情感、思想和行为三个基本方面。其中，情感是基础，思想是灵魂，行为是体现。爱国行为是爱国主义精神的落脚点和归宿。故 D 选项正确。

2．A【解析】本题考查爱国主义的概念。题干给出了爱国主义的内涵，同时还要知道，爱国主义是调节个人与祖国之间关系的道德要求、政治原则和法律规范，也是民族精神的核心。注意 ABC 各概念的区别，D 选项是干扰项。

3．A【解析】本题通过名言警句考查我国爱国主义优良传统。我国爱国主义优良传统包括：热爱祖国，矢志不渝；天下兴亡，匹夫有责；维护统一，反对分裂；同仇敌忾，抗御外侮。"苟利国家生死以，岂因祸福避趋之"反映了热爱祖国、矢志不渝的爱国主义优良传统。利用名言警句作为题干进行考查是考试惯用的命题手法。对于教材中的名言警句或古诗句，要特别注意区分其中反映的意义或思想，能做到一一对应，不要混淆，不要张冠李戴，就可以应对此类题目。

4．A【解析】本题考查中华民族精神的内涵。弘扬以爱国主义为核心的民族精神和以改革创新为核心的时代精神，是社会主义核心价值体系的内容之一。在五千多年的发展中，中华民族形成了以爱国主义为核心的团结统一、爱好和平、勤劳勇敢、自强不息的伟大民族精神。ABCD 皆为中华民族精神的内涵。但只有 A 选项爱国主义是民族精神的核心。

5．A【解析】本题考查民族精神各个内涵的定位。其中 A 选项团结统一，植根于中华大地，深深地印在中国人的民族意识中，是中华民族的立身之本。ABCD 选项皆为中华民族精神的内涵。但只有 A 选项符合题意。

6．C【解析】ABCD 四个选项都是中华民族精神的内涵，但题干中所列举的成语典故，出自教材，对应于 C 项"自强不息"。尽管在语义上 A 项勤劳勇敢也接近，但不如 C 选项表述更准确。

7．D【解析】本题考查时代精神的内涵。在新的历史条件下，发扬爱国主义传统要把弘扬民族精神与弘扬时代精神有机统一起来，坚持解放思想、实事求是，与时俱进、勇于创新，知难而进、一往无前，艰苦奋斗、务求实效，淡泊名利、无私奉献，大力弘扬以改革创新为核心的时代精神。ABCD 选项皆为时代精神的内涵。但只有 D 选项居于核心地位。

8．B【解析】本题考查民族精神的概念。注意民族精神与时代精神概念的区别，两者区别的关键就是看是否突出了"时代潮流"，突出时代潮流的，是时代精神。两者都是 D 选项社会主义核心价值体系的内容。A 选项爱国主义是民族精神的核心。

9．C【解析】本题考查时代精神的概念，解析参见上题。

10．A【解析】本题考查改革创新各个内涵的定位。实践基础上的理论创新是社会发展和变革的先导。制度创新是其他一切创新的重要保障。科技创新能力是国家竞争力的核心。大力推进文化创新是繁荣发展社会主义先进文化的需要。

11．C【解析】本题考查改革创新各个内涵的定位。解析参见上题。

12．D【解析】本题考查我国关于解决台湾问题的专门立法。ABC 选项是关于国家安全的一般性的法律，只有 D 选项是专门针对台湾问题而进行的立法。

13．B【解析】本题考查国家安全观的概念和内涵。在旧版教材中，属于法律基础部分的内容，且在大纲范围之外，2013 年版教材将之作了调整并纳入大纲的考核范围。新的国家安全观不仅包括传统的政治安全和国防安全，还包括经济安全、科技安全、文化安全、生态安全和社会公共安全等。

14．C【解析】各类国家安全范畴下又各自包括多项安全，其中网络信息安全属于文化安全的重要内容。

15．D【解析】各类国家安全范畴下又各自包括多项安全，其中社会治安、生产安全、公共卫生安全和食品药品安全属于社会公共安全的重要内容。

二、多项选择题

1. BCD【解析】本题考查我国爱国主义的优良传统。中华民族爱国主义的优良传统包括：热爱祖国，矢志不渝；天下兴亡，匹夫有责；维护统一，反对分裂；同仇敌忾，抗御外侮。故 BCD 选项正确。A 选项反映的是"修身齐家治国平天下"的成才规律和能力结构问题，和爱国没有直接的关系，是干扰项。

2. BD【解析】本题考查现阶段我国爱国主义的主要内容。在现阶段，爱国主义主要表现为弘扬民族精神与时代精神，献身于建设和保卫社会主义现代化事业，献身于促进祖国统一的事业。故 BD 选项正确。而 AC 选项都不是我国现阶段爱国主义的表现。

3. ABC【解析】本题考查我国民族精神的内涵。在五千多年的历史发展中，中华民族形成了以爱国主义为核心的团结统一、爱好和平、勤劳勇敢、自强不息的伟大民族精神。D 选项属于家庭美德的范畴，是干扰项。

4. BCD【解析】本题考查爱国主义的特点。爱国主义是历史的、具体的，在不同的历史时期具有不同的内容，在阶级社会，爱国主义还具有阶级性。由此可以推出，爱国主义的内容不是亘古不变的，故 A 选项错误。共产主义社会是人类社会发展的最高阶段，不再有国家，爱国主义也就无从谈起了。D 选项正确。

5. ABCD【解析】本题考查爱国主义的时代价值。我国灿烂的文化是中华民族存在和发展的精神基因，爱国主义是中华民族继往开来的精神支柱；爱国主义强调的是人们对祖国的依恋、热爱和归属，它可以成为不同民族联系感情的桥梁，它是维护祖国统一和民族团结的纽带；爱国主义能激发人们的爱国热情，并全力投入到社会主义现代化建设中，为中华民族的伟大复兴不断奋斗，奠定良好的物质和精神基础，它是实现中华民族伟大复兴的动力；爱国主义能使一个人对祖国有强烈的历史责任感,具有明确的人生目标、坚定的人生信念,它是个人实现人生价值的力量源泉。故 ABCD 全选。

6．BCD【解析】本题考查中华民族精神的弘扬和培育。弘扬和培育民族精神,既要弘扬中国古代的民族精神,更要大力弘扬和培育近代以来中国人民在争取民族独立和人民解放、实现国家富强和人民共同富裕的历史进程中形成的伟大民族精神。要立足于中国特色社会主义建设事业的伟大实践,反映社会主义初级阶段的基本特征,反映完善社会主义市场经济体制的现实需要,反映发展社会主义先进文化的前进方向。批判地继承中国古代的传统文化和道德,吸收和借鉴外来文化和道德的积极成果,坚持古为今用、洋为中用,以我为主、为我所用的原则,不断丰富民族精神的时代内涵,使民族精神得到大力弘扬。BCD 选项正确, A 选项的错误在于表述不够全面,忽略了弘扬中国古代的民族精神。

7．ABCD【解析】本题考查时代精神的内涵。在新的历史条件下,发扬爱国主义传统要把弘扬民族精神与弘扬时代精神有机统一起来,坚持解放思想、实事求是,与时俱进、勇于创新,知难而进、一往无前,艰苦奋斗、务求实效,淡泊名利、无私奉献,大力弘扬以改革创新为核心的时代精神。故 ABCD 全选。

8．ABCD【解析】本题考查改革创新的内涵。改革创新,包括理论创新、制度创新、科技创新、文化创新以及其他方面的创新。故 ABCD 全选。

9．ABCD【解析】本题考查把改革创新作为时代精神核心的原因。改革创新作为时代精神的核心,是进一步解放和发展生产力的必然要求,是建设社会主义创新型国家的迫切需要,是落实科学发展观、构建社会主义和谐社会的重要条件。故 ABCD 全选。

10．ABCD【解析】本题考查如何做一个忠诚的爱国者。本题答案即本节的一级标题。D 选项是对两个标题的合并。

11．ABC【解析】本题是对自觉维护国家利益的展开。ABC 三项是教材给出的表述。D 选项表述不严谨,支持国货肯定是对的,但是抵制洋货未必符合经济全球化的趋势和我国的自身利益。

12．ABCD【解析】本题考查促进民族团结的各项举措。教材中讲到：要深化对党的民族理论和民族政策的认识，认真学习国家关于民族事务的法律法规，不断增强对中华民族的归属感，对中华文化的认同感，对伟大祖国的自豪感。要立足生活实际，坚持从自身做起，在与其他民族同胞接触交往的日常生活中，尊重兄弟民族的传统文化、风俗习惯和宗教信仰。要坚持原则、明辨是非，旗帜鲜明地与破坏民族团结的行为作斗争。坚决捍卫民族团结进步、共同繁荣发展的大好局面。故 ABCD 全选。

13．ABCD【解析】本题考查对于台湾问题的方针政策。推动两岸关系发展，实现祖国和平统一，最重要的是要遵循"和平统一、一国两制"的方针和现阶段发展两岸关系、推进祖国和平统一进程的八项主张，坚持一个中国的原则决不动摇、争取和平统一的努力决不放弃、贯彻寄希望于台湾人民的方针决不改变、反对"台独"分裂活动决不妥协。

14．ABCD【解析】本题考查国防观念的内涵。国防观念主要包括国防忧患意识、国防目标意识、国防价值意识、国防责任意识、国防法制意识和国防献身意识等。故 ABCD 全选。

15．ABC【解析】本题考查对"以振兴中华为己任"的理解。D 选项怀民族之恨是很明显的干扰项。ABC 三个选项是教材中的正式表述。

16．ABCD【解析】A 选项说明了爱国主义内涵及定位，爱国主义是道德要求、政治原则和法律规范，也是民族精神的核心。B 项在教材中无直接对应的表述，但是与本章的两节标题"中华民族的爱国主义传统"和"新时期的爱国主义"对应，既有继承性，又有时代性。CD 选项考查的是爱国主义与爱社会主义和拥护祖国统一。

17．ABCD【解析】A 选项出自经济全球化与爱国主义，是教材里的原文表述。B 选项是对第一章中"个人理想与社会理想的关系"的表述。CD 选项分别是爱国主义与爱社会主义和拥护祖国统一、做忠诚的爱国者,都是教材里的原文表述,故都是正确选项。

18．ABCD【解析】CD 项在核心知识点"爱国主义的优良传统"中可以找到原文表述。AB 项诗句虽然在教材中没有原文,但通过阅读理解,从语义上,可以反应热爱祖国、矢志不渝,天下兴亡匹夫有责的爱国主义传统。因此,选项 ABCD 均正确。

19．BCD【解析】本题考查国家安全观的概念和内涵。新的国家安全观不仅包括传统的政治安全和国防安全,还包括经济安全、科技安全、文化安全、生态安全和社会公共安全等。各类国家安全范畴下又各自包括多项安全,其中经济安全除了包含 BCD 选项之外,还包括金融安全。A 选项生产安全隶属于社会公共安全的范畴。

20．AB【解析】本题考查国家安全观的概念和内涵。新的国家安全观不仅包括传统的政治安全和国防安全,还包括经济安全、科技安全、文化安全、生态安全和社会公共安全等。传统的国家安全观即 AB 选项,它们也是国家安全的支柱与核心。

21．AB【解析】见上题。

三、简答题答案要点

1.（1）热爱祖国,矢志不渝。（2）天下兴亡,匹夫有责。（3）维护统一,反对分裂。（4）同仇敌忾,抗御外侮。

2．民族精神,是指一个民族在长期共同生活和社会实践中形成的,为本民族大多数成员所认同的价值取向、思维方式、道德规范、精神气质的总和。中华民族形成了包括:爱国主义、团结统一、爱好和平、勤劳勇敢、自强不息的伟大民族精神。

3．（1）改革创新是进一步解放和发展生产力的必然要求。

（2）改革创新是建设社会主义创新型国家的迫切需要。

（3）改革创新是落实科学发展观、构建社会主义和谐社会的重要条件。

4．（1）自觉维护国家利益。（2）促进民族团结。（3）维护祖国统一。（4）增强国防观念。（5）增强国家安全意识。

5.（1）依法服兵役和参加民兵组织的义务。（2）保守国家秘密的义务。（3）为国防建设和国家安全提供便利条件或其他协助的义务。（4）在国家安全机关调查了解有关危害国家安全的情况下如实提供有关证据的义务。（5）及时报告危害国家安全行为的义务。（6）不得非法持有、使用专用间谍器材的义务等。

四、分析题答案要点

1.（1）经济全球化是一把双刃剑，既是机遇，更是挑战。现实情况表明，经济全球化背景下，发展中国家不仅要面对经济方面的挑战，而且也必然要面对政治和文化上的挑战。西方发达国家利用经济、科技和军事等方面的优势，竭力输出它们的政治观、价值观、文化观和生活方式，力图主导经济全球化进程，把发展中国家纳入西方的发展模式和发展轨道。在这种情况下，更需要大力弘扬爱国主义，维护本国、本民族的利益。爱国主义不是狭隘的民族主义，也不是大国沙文主义。要正确处理热爱祖国与关爱世界、为祖国服务与尽国际义务、维护世界和平与促进共同发展的关系。

（2）新的国家安全观不仅包括传统的政治安全和国防安全，还包括经济安全、科技安全、文化安全、生态安全、社会公共安全等。其中经济安全是国家安全的基础，是指国民经济能够抗御国内外各种经济风险而保持平稳有序运行的态势，包括金融安全、能源安全、贸易安全、粮食安全等。"力拓案"涉及贸易安全，给国家经济带来了巨大损失，危及国家的经济安全。

2．人有地域和信仰的不同，但报效祖国之心不应有差别。在经济全球化背景下，无论你是生活在国内还是在国外，无论你的政治立场和宗教信仰如何，也无论你在何种所有制企业中工作，作为中华儿女，都可以以自己的方式来报效祖国。应当说，经济全球化趋势为个人报效祖国消除了许多障碍或阻隔，开辟了更多的渠道和更大的空间。

科学没有国界，但科学家有祖国。科学是人类智慧的结晶，是属于全人类的财富，理应为全人类服务。科学无国界，但科学事业的发展和科学家的命运都与自己的祖国有着密切的关系;科学知识是无国界的,但科学知识的运用却不可能离开具体的国家。新中国成立后,钱学森抛弃国外优越的生活与工作条件,历尽千难万险,回归祖国的怀抱,投身到祖国的建设中。在当前经济全球化的背景下,科技竞争愈演愈烈,施一公能像钱学森一样,放弃国外的优越待遇回到祖国的怀抱,诠释了一颗拳拳赤子心,是当代大学生弘扬爱国主义精神的楷模。

3.(1)自觉维护国家利益,首先要承担对国家应尽的义务。每一个中国公民都要把国家的安全、荣誉和利益放在高于一切的地位,与祖国同呼吸共命运。其次,要维护改革发展稳定的大局。最后要树立民族自尊心和自豪感。坚定的民族自尊心和自豪感,是维护国家利益、促进民族进步的取之不尽、用之不竭的强大精神动力。

(2)当国家利益受到威胁时,宪法规定了公民对国家应尽的义务,具体包括:①维护国家统一和全国务民族团结。国家的统一和民族的团结是我国社会安定和谐的前提和保证,是我国公民的最高法律义务。②维护祖国的安全、荣誉和利益。国家的安全是每一个以中国为祖国的公民生产生活、安居乐业的必要条件。③保卫祖国、依法服兵役和参加民兵组织。我国宪法规定:"保卫祖国、抵抗侵略是中华人民共和国每一个公民的神圣职责。""依照法律服兵役和参加民兵组织是中华人民共和国公民的光荣义务。"

(3)当代大学生增强国防观念具有重要意义。首先,这是大学生报效祖国、弘扬爱国主义精神的重要体现。其次,这是大学生履行国防义务、关心支持国防和军队建设的必然要求。最后,这是大学生提高综合素质、促进自身全面发展的迫切需要。国防素质,是每个大学生应当具备的基本素质之一。

第三章 领悟人生真谛 创造人生价值

【体系框架】

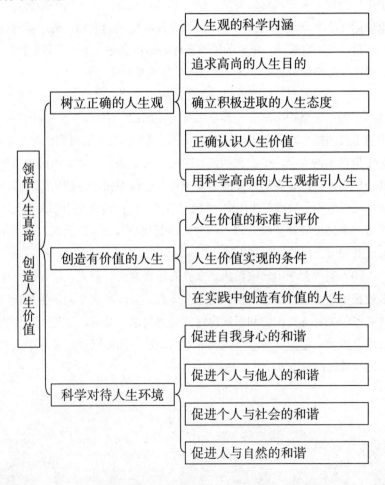

【要点】

第一节 树立正确的人生观

一、人生观的科学内涵

1. 人生观：人们在实践中形成的对于人生目的和意义的根本看法，它决定着人们实践活动的目标、人生道路的方向，也决定着人们行为选择的价值取向和对待生活的态度。人生观主要是通过人生目的、人生态度和人生价值三个方面体现出来的。人生目的，回答人为什么活着；人生态度，表明人应当怎样对待生活；人生价值，判别什么样的人生才有意义。这三个方面相互联系、相辅相成，有机统一为一个整体。其中，人生目的是人生观的核心。有什么样的人生目的，就会有什么样的人生态度，就会追求什么样的人生价值。

2. 人生观与世界观的关系：人生观是世界观在对待人生问题上的具体体现，是世界观的重要组成部分。世界观决定人生观，有什么样的世界观，就有什么样的人生观。正确的世界观，是正确的人生观的基础，人生观从属于世界观，没有正确的世界观，也就不可能有正确的人生观。同时，人生观又对世界观的巩固、发展和变化起着重要的作用。如果一个人的人生观发生变化，往往会导致世界观发生变化。

二、追求高尚的人生目的

人生目的在人生实践中具有重要的作用。
1. 人生目的决定人生道路。
2. 人生目的决定人生态度。
3. 人生目的决定人生价值标准。

三、确立积极进取的人生态度

1. 人生态度，是指人们通过生活实践形成的对人生问题的一种稳定的心理倾向和基本意愿。人生态度的形成既是一定社会环境影响的结果，也是一个复杂的心理过程。其中，认知、情感、意志是起着主要作用的三种心理要素。

2. 端正的人生态度：人生须认真，人生当务实，人生应乐观，人生要进取。

四、正确认识人生价值

在哲学中，价值的一般本质在于它是现实的人的需要与事物属性之间的一种关系。

人生价值是一种特殊的价值，是人的生活实践对于社会和个人所具有的作用和意义。

五、用科学高尚的人生观指引人生

1. 科学高尚的人生观：只有以为人民服务为核心内容的人生观，才是科学高尚的人生观，才值得同学们终生尊奉和践行。

2. 要坚决抵制各种错误人生观的影响。由于受国内外各种错误思潮的影响，社会上还存在拜金主义、享乐主义和极端个人主义等错误人生观。

反对拜金主义。拜金主义是一种认为金钱可以主宰一切，把追求金钱作为人生至高目的的观念。

反对享乐主义。享乐主义是一种把享乐作为人生目的，主张人生的唯一目的和全部内容就在于满足感官的需求与快乐的思想和理论。

反对极端个人主义。个人主义是以个人发展为出发点和归宿的一种思想体系和道德原则，它主张个人本身就是目的，具有最高价值，社会和他人只是达到个人目的的手段。

上述种种错误的人生观尽管在形式上五花八门，内容上不尽一致，但它们却有着共同的特征：

其一，它们都是剥削阶级的人生观，反映的都是狭隘的剥削阶级利益，不可能具有无产阶级的宽广胸怀和远大志向，更不能代表人民群众的利益。

其二,它们都没有把握个人与社会的正确关系,忽视或否认社会性是人的存在和活动的本质属性,它们讨论人生问题的出发点和落脚点都是一己之私利。

其三,它们对人的需要的理解是片面的,夸大了人生的某方面需要,而无视人的全面性和人生的整体需要。

第二节 创造有价值的人生

一、人生价值的标准与评价

1. 人生的自我价值与社会价值

人生价值内在地包含了人生的自我价值和社会价值两个方面。

(1) 人生的自我价值。是个体的人生活动对自己的生存和发展所具有的价值,主要表现为对自身物质和精神需要的满足程度。

(2) 人生的社会价值。是个体的人生活动对社会、他人所具有的价值。衡量人生的社会价值的标准是个体对社会和他人所作的贡献。

(3) 两者的关系。人生的自我价值和社会价值,既相互区别,又密切联系、相互依存,共同构成人生价值的矛盾统一体。在人的社会生活中,"每个人是手段同时又是目的,而且只有成为他人的手段才能达到自己的目的,并且只有达到自己的目的才能成为他人的手段,——这种相互关联是一个必然的事实"。(马克思语)

一方面,人生的自我价值是个体生存和发展的必要条件。个体提高自我价值的过程,就是通过努力自我完善以实现全面发展的过程。人生自我价值的实现构成了个体为社会创造更大价值的前提。另一方面,人生的社会价值是实现人生自我价值的基础,没有社会价值,人生的自我价值就无法存在。人总是生活在社会当中,个体无法脱离社会而存在和发展。个体的人生活动不仅具有满足自我需要的价值属性,还必然地包含着满足社会需要的价值属性。人是社会的人,这不仅意味着个体物质和精神的需要必须在社会中才能得到满足,还意味着以怎样的方式和在多大程度上得到满足也是由社会决定的。一个人的需要能不能从社会中得到满足,在多大程度上得到满足,取决于他的人生活动对社会和他人的贡献,即他的社会价值。

2. 人生价值的标准

人的社会性决定了人生的社会价值是人生价值的最基本内容。一个人的生活具有什么样的价值,从根本上说是由社会所规定的,而社会对于一个人的价值评判,也主要是以他对社会所作的贡献为标准。人生价值评价的根本尺度,是看一个人的人生活动是否符合社会发展的客观规律,是否通过实践促进了历史的进步。劳动以及通过劳动对社会和他人作出的贡献,是社会评价一个人的人生价值的普遍标准。劳动和贡献的尺度作为社会评价人生价值的基本尺度,正是对人生价值评价根本尺度的一种具体化。在我们今天所处的社会主义社会中,衡量人生的价值,标准就在于看一个人是否以自己的劳动和聪明才智为中国特色社会主义真诚奉献,为人民群众尽心尽力服务。

3. 人生价值的评价

比较客观、公正、准确地评价社会成员人生价值的大小,除了要掌握科学的标准外,还需要掌握恰当的评价方法,做到以下四个统一:

(1) 坚持能力有大小与贡献须尽力相统一。

(2) 坚持物质贡献与精神贡献相统一。

(3) 坚持完善自身与贡献社会相统一。

(4) 坚持动机与效果相统一。

二、人生价值实现的条件

1. 人生价值实现的社会条件

实现人生价值要从社会客观条件出发。人生价值是在社会实践中实现的,人的创造力的形成、发展和发挥都要依赖于一定的社会客观条件。在我国,人生价值目标还要与社会主义核心价值体系相一致。

2. 人生价值实现的个人条件

实现人生价值要从个体自身条件出发。客观地认识自己，是确定人生价值目标的重要前提。不断提高自身的能力，增强实现人生价值的本领。立足于现实，坚守岗位作贡献。实现人生价值要有自强不息的精神。

三、在实践中创造有价值的人生

美好的人生价值目标要靠社会实践才能化为现实。人生价值目标的实现是一个实践的过程，人生价值的评价就是对实践及其成果的评价。

1. 走与人民群众相结合的道路。
2. 走与社会实践相结合的道路。

第三节　科学对待人生环境

人生环境，就是人们的社会实践活动所赖以展开的各种关系的总和。科学对待人生环境，主要是促进自我身心的和谐、个人与他人的和谐、个人与社会的和谐、人与自然的和谐等。

一、促进自我身心的和谐

保持心理健康的途径和方法主要有：
1. 树立正确的世界观、人生观、价值观。
2. 掌握应对心理问题的科学方法。
3. 合理调控情绪。
4. 积极参加集体活动，增进人际交往。
5. 积极参加体育锻炼，保持身体健康。

二、促进个人与他人的和谐

处理个人与他人的关系，关键是要处理好个人与他人的利益关系。

1. 促进个人与他人的和谐应坚持的原则
(1) 平等原则。平等待人是促进个人与他人和谐的前提。
(2) 诚信原则。诚信是促进个人与他人和谐的保证。
(3) 宽容原则。宽容是促进个人与他人和谐必不可少的条件。
(4) 互助原则。互助是促进个人与他人和谐的必然要求。
2. 正确认识和处理竞争与合作的关系

从形式上看,竞争与合作是对立的,而从本质上看,二者又是相互伴随、相互统一的。竞争离不开合作,竞争获得的胜利,通常总是某一群体内部或多个群体之间通力合作的结果;合作也离不开竞争,没有竞争的合作就缺乏活力。竞争促进合作的广度和深度,合作又增强竞争的实力,正是这种竞争中的合作和合作中的竞争,推动着人类社会不断发展和进步。要鼓励竞争、提倡竞争、保护竞争,同时又要提倡合作,提倡互相关心、互相爱护、互相帮助。

三、促进个人与社会的和谐

1. 正确认识个体性与社会性的统一关系。
2. 正确认识个人需要与社会需要的统一关系。
3. 正确认识个人利益与社会利益的统一关系。
4. 正确认识享受个人权利与承担社会责任的统一关系。

四、促进人与自然的和谐

1. 正确认识人对自然的依存关系。人来源于自然界又依存于自然界,人永远是自然界的有机组成部分。物质资料的生产和再生产以及人自身的生产和再生产,都是以自然界的存在和发展为前提条件的,没有自然界就没有人本身。

2. 科学把握人对自然的改造活动。人对自然的改造也存在着两面性,即人类在推进工业化过程中,一方面创造了丰富的物质财富,另一方面也存在掠夺自然资源,只考虑当前需要而忽视后代利益、先污染后治理、先开发后保护等问题。促进人与自然的和谐,在促进经济发展的同时保护好人类赖以生存的自然环境,是人类以及人类的每个个体持续、健康发展的重要条件。

3. 自觉珍爱自然，保护生态。党的十八大报告明确指出："我们一定要更加自觉地珍爱自然，更加积极地保护生态，努力走向社会主义生态文明新时代。"一定要以科学发展观为指导，牢固树立尊重自然、顺应自然、保护自然的生态文明理念，把生态文明建设摆在突出地位。努力建设美丽中国。

【试题】

一、单项选择题

1. 人们在实践中形成的对于人生目的和意义的根本看法，是（　　）。
   A. 世界观　　　　　　　　　B. 人生观
   C. 价值观　　　　　　　　　D. 人生态度

2. 根据马克思主义观点，人的本质属性是（　　）。
   A. 人的自然属性　　　　　　B. 人的社会属性
   C. 人的阶级属性　　　　　　D. 人的经济属性

3. 下列选项属于人生观的核心是（　　）。
   A. 人生态度　　　　　　　　B. 人生目的
   C. 人生价值　　　　　　　　D. 人生意义

4. 人们通过生活实践形成的对人生问题的一种稳定的心理倾向和基本意愿是（　　）。
   A. 人生观　　　　　　　　　B. 人生目的
   C. 人生态度　　　　　　　　D. 人生价值

5. 值得人们终生尊奉和践行的、科学高尚的人生观的核心内容是（　　）。
   A. 八荣八耻　　　　　　　　B. 科学发展观
   C. 中国特色社会主义共同理想　D. 为人民服务

6. 人的生活实践对于社会和个人所具有的作用和意义称为（　　）。
   A. 人生观　　　　　　　　　B. 价值观
   C. 人生价值　　　　　　　　D. 人生价值观

7. 人生的自我价值主要表现为（　　）

A. 对社会和他人所作的贡献

B. 对自我理想实现的程度

C. 对社会理想实现的程度

D. 对自身物质和精神需要的满足程度

8. 个体的人生活动对社会、他人所具有的价值是（　　）。

A. 自我价值　　　　　　B. 剩余价值

C. 集体价值　　　　　　D. 社会价值

9. 个人与他人的关系在本质上的表现形式是（　　）。

A. 情感关系

B. 交往关系

C. 社会关系尤其是社会利益关系

D. 人际关系

10. 判断一个人的人生价值大小的最基本的标准是看他的（　　）。

A. 自我价值　　　　　　B. 社会价值

C. 物质财富　　　　　　D. 精神财富

11. 衡量一个人社会价值的标准是（　　）。

A. 对社会和他人所作的贡献

B. 对自我理想实现的程度

C. 对社会理想实现的程度

D. 对自身物质和精神需要的满足程度

二、多项选择题

1. 下列对世界观与人生观的关系，表述正确的有（　　）。

A. 正确的人生观是正确的世界观的基础

B. 人生观对世界观的巩固、发展和变化起着重要的作用

C. 世界观决定人生观，有什么样的世界观，就有什么样的人生观

D. 人生观从属于世界观，没有正确的世界观，也就不可能有正确的人生观

2．下列选项属于人生观内涵的有（　　）。
　A．人生阅历　　　　　　　　B．人生目的
　C．人生态度　　　　　　　　D．人生价值
3．人生目的在人生实践中具有重要的作用。下列关于人生目的的表述，正确的有（　　）。
　A．人生目的决定人生道路　　B．人生目的决定人生态度
　C．人生目的决定人生价值标准　D．人生目的是人生观的核心
4．在人生态度的形成和变化过程中，起着主要作用的心理要素有（　　）。
　A．认知　　　B．推理　　　C．情感　　　D．意志
5．端正人生态度应着力的方面有（　　）。
　A．人生须认真　　　　　　　B．人生当务实
　C．人生应乐观　　　　　　　D．人生要进取
6．下列对极端个人主义人生观的分析，表述正确的有（　　）。
　A．它是剥削阶级的人生观，反映的都是狭隘的剥削阶级利益
　B．它忽视或否认社会性是人的存在和活动的本质属性
　C．它们讨论人生问题的出发点和落脚点都是一己之私利
　D．它夸大了人生的某方面需要，而无视人的全面性和人生的整体需要
7．爱因斯坦说："我评定一个人的真正价值只有一个标准，即看他在多大程度上摆脱了自我。"对这句话正确的理解有（　　）。
　A．个人人生价值的大小要看社会对他的满足程度
　B．人生价值的大小取决于他"自我"价值实现的程度
　C．人生的真正价值在于对社会的奉献
　D．对社会贡献越大，摆脱"自我"的程度也就越大，个人的人生价值就越大
8．下列选项中属于人生价值的内容的有（　　）。
　A．自我价值　　　　　　　　B．剩余价值
　C．集体价值　　　　　　　　D．社会价值

9. 要客观、公正、准确地评价社会成员人生价值的大小，除了要掌握科学的标准以外，还需要掌握恰当的评价方法，因此必须坚持（　　）。

A．能力有大小与贡献须尽力相统一

B．物质贡献与精神贡献相统一

C．完善自身与贡献社会相统一

D．动机和效果相统一

10．下列关于人生的自我价值与社会价值的表述，正确的有（　　）。

A．人生的自我价值是个体生存和发展的必要条件

B．人生自我价值的实现构成了个体为社会创造更大价值的前提

C．一个人的需要能不能从社会中得到满足取决于他的社会价值

D．人生的社会价值是实现人生自我价值的基础，没有社会价值，人生的自我价值就无法存在

11．人生价值实现的社会条件包括（　　）。

A．不断提高专业技能

B．树立爱岗敬业精神

C．实现人生价值要从社会客观条件出发

D．人生价值目标要与符合人类社会发展规律的社会主义核心价值体系相一致

12．美好的人生价值目标要靠社会实践才能化为现实。下列关于在实践中创造有价值的人生的表述，理解正确的有（　　）。

A．走与人民群众相结合的道路

B．走与社会实践相结合的道路

C．人民群众是历史的创造者

D．人生价值的评价就是对实践及其成果的评价

13．人生环境，就是人们的社会实践活动所赖以展开的各种关系的总和。科学对待人生环境，主要就是要促进（　　）。

A．自我身心的和谐　　　　B．个人与他人的和谐

C．个人与社会的和谐　　　D．人与自然的和谐

14．下列选项属于保持心理健康的途径和方法的有（　　）。

A．合理调控情绪

B．树立正确的世界观、人生观、价值观

C．积极参加集体活动，增进人际交往

D．积极参加体育锻炼，保持身体健康

15．促进个人与他人的和谐应坚持的原则有（　　）。

A．平等原则　　　　　　B．诚信原则

C．宽容原则　　　　　　D．互助原则

16．下列选项属于促进个人与社会的和谐的必要举措的有正确认识（　　）。

A．个体性与社会性的统一关系

B．个人需要与社会需要的统一关系

C．个人利益与社会利益的统一关系

D．享受个人权利与承担社会责任的统一关系

17．下列关于社会主义社会中，个人利益与社会利益关系的表述，正确的有（　　）。

A．在社会主义社会中，个人利益与社会整体利益在根本上是一致的

B．社会整体利益就是个人利益的简单相加

C．当个人利益与社会利益发生矛盾时，个人利益要自觉服从社会利益

D．社会整体利益体现了个人的根本利益和长远利益，是个人利益得以实现的前提和基础

18．促进人与自然的和谐发展，就必须正确认识和理解人与自然的关系，下列关于人与自然的关系理解正确的有（　　）。

A．人依附于自然，没有自然界就没有人本身

B．人类要繁衍，社会要发展就必须走先污染后治理、先开发后保护的道路

C．人与自然的关系以生产劳动为中介，人与自然的关系反映了人与人的关系

D. 脱离人与人的社会关系，就不能从根本上认识和解决当代世界出现的尖锐的环境和资源问题

三、简答题

1. 简述人生观与世界观的关系。
2. 简述人生的自我价值与社会价值的关系。
3. 简述人生价值评价的方法（或原则）。
4. 如何正确认识和处理竞争与合作的关系？
5. 如何促进个人与社会的和谐？

四、分析题（要求结合所学知识分析材料回答问题）

1. 材料一：青年马克思在谈到选择职业的理想和价值时曾经写道："如果我们选择了最能为人类福利而劳动的职业，那么，重担就不能把我们压倒，因为这是为大家而献身；那时我们所感到的就不是可怜的、有限的、自私的乐趣，我们的幸福将属于千百万人，我们的事业将默默地、但是永恒发挥作用地存在下去，而面对我们的骨灰，高尚的人们将洒下热泪。"

材料二：在一个著名电视相亲节目中，一个爱好骑行的男征婚者问女征婚者："你喜欢和我一起骑自行车逛街么？"该女毫不犹豫地回答："我还是坐在宝马里边哭吧……"

（1）谈谈拜金主义和享乐个人主义等错误人生观的本质是什么？
（2）什么样的人生观才是科学高尚的人生观？
（3）人生价值的评价标准是什么？

2. （2011年研究生入学考试题）材料：郭明义，鞍山钢铁集团矿山公司齐大山铁矿采场公路管理员，几十年来，他照着雷锋那样去做，"把雷锋的道路作为自己的人生选择，把雷锋的境界作为自己的人生梦想"。他连续15年每天提前2小时上班，相当于多奉献了5年的工作量；连续20年先后55次无偿献血，捐献血小板，累计近6万毫升；连续16年为希望工程、工友灾区群众捐款12万元，资助180多名特

困生。可是，他一家至今还是住在一间不过43平方米的旧楼里。有人曾不解地问郭明义，你这么做究竟值不值得？"如果发出一点光，放出一点热，换来孩子幸福的笑脸，换来他人生命之花的绽放，换来人与人之间温暖和谐，我无怨无悔！""给人温暖就是给自己幸福"，他是这样说的，也是这样做的。30年来，郭明义就像一支火把燃烧着自己，也燃烧着志愿者和社会上更多的人的爱心，他8次发起捐献造血干细胞的倡议，得到了1700多人的响应；他7次发起无偿献血的建议，600多人无偿献出15万毫升热血；他发起成立遗体（器官）捐献志愿者俱乐部，汇聚了200多名志愿者；他发起成立"郭明义爱心联队"，从12人已经发展到2400多人，捐款40余万元，资助特困生1000多名。郭明义的精神是一块磁石，在鞍钢，在辽宁，在全国吸引汇集越来越多的人加入爱心行动。为他人奉献，为社会分忧，为国家尽责，凝聚成巨大的道德力量，促进中国社会稳定和谐发展，郭明义的先进事迹体现了"简单中的伟大"。

（摘选自《人民日报》）

（1）如何理解"给人民温暖就是给自己幸福"？

（2）为什么说郭明义的先进事迹是"简单中的伟大"？

3.（2013年研究生入学考试题）材料：某图书馆向所有读者免费开放。乞丐拾荒者和衣衫破旧的民工小心翼翼进来了，无人阻挡，于是他们便堂而皇之的在馆内读书看报，有读者对此表示不满，向馆长抱怨说："图书馆是大雅之堂，如果允许乞丐和拾荒者进入阅读，就是对其他读者的不尊重。"馆长回答说："我无权拒绝他们入内阅读，但你有权选择离开。"

此事被发在微博上，顿时触动了社会的神经，引发人们对人文精神的关注和思考，中央电视台等主流媒体对此进行了报道，一场公共图书馆办馆理念的大讨论由此引发。

公共图书馆一向更愿意向体面地文化人敞开，常在门口赫然告示：衣冠不整谢绝入内！把读者分为三六九等，拒绝部分人入内，其公益性大打折扣，而该馆长希望图书馆成为每一个人读书的天堂。无论任何人，只要进了图书馆，在知识面前都享有同等权利，没有高低贵贱之分。为此，该馆在全国同行中率先推出免证阅读制度，任何人进馆借读书籍都不需要证件和费用，以体现人道、人文的公共图书馆理念和人性化的服务。

对于图书馆实行免费开放可能带来的问题，该馆有关负责人感触颇深：自图书馆实行零门槛后，我们不仅没有感到压力增加，反而感觉开放的时间越长，不尊重这种权力的读者越少，我们和读者都被这种和谐的环境所改变。至于进馆要先洗手，馆内并没有硬性规定，耳濡目染的时间长了，大家都会自觉地洗手，然后再阅读。

"如果没有天堂，天堂应该是图书馆的模样。"这是文学大师曾任阿根廷国立图书馆馆长的博尔赫斯的一句名言，该图书馆向乞丐和拾荒者免费开放，不啻一轮明亮的太阳让乞丐和拾荒者在得到温暖的同时，也净化我们的心灵。

（摘编自《中国青年》2011年第5期、《光明日报》2012年5月10日）

（1）从法律角度如何理解"我无权拒绝他们入内阅读，但你有权选择离开"？

（2）图书馆想乞丐和拾荒者年费开放对我们处理人际关系有何启示？

【答案及解析】

一、单项选择题

1. B【解析】本题考查人生观的概念。人生观是世界观的重要组成部分，是人们在实践中形成的对于人生目的和意义的根本看法，它决定着人们实践活动的目标、人生道路的方向和对待生活的态度。教材中的一个概念，逆向思维，往往可以命制单项选择题。考试复习时应当注意这个思路。

2. B【解析】本题考查人的属性。AB选项是人的双重属性，但是社会属性是人的本质属性，人的自然属性也深深打上了社会属性的烙印。CD 选项可以归属于 B 选项社会属性。

3. B【解析】本题考查人生观的内涵。人生观主要是通过人生目的、人生态度和人生价值三个方面体现出来的，人生目的回答人为什么活着，人生态度表明人应当怎样对待生活，人生价值判别什么样的人生才有意义。这三个方面相辅相成。其中人生目的是人生观的核心，人生目的决定人生道路，人生目的决定人生态度，人生目的决定人生价值标准。故 B 选项正确。

4. C【解析】本题考查的是人生态度的概念。所谓人生态度，是指人们通过生活实践形成的对人生问题的一种稳定的心理倾向和基本意愿。注意与相近概念的区分。

5. D【解析】本题考查什么是科学的人生观。尽管在人类历史长河中涌现过形形色色的人生观，但只有以为人民服务为核心内容的人生观，才是科学高尚的人生观，才值得人们终生尊奉和践行。ABC 选项虽然皆为正统表述，但并非人生观的内容。

6. C【解析】本题考查人生价值的概念，注意与相近概念的区分。

7. D【解析】本题考查自我价值的概念。人生的自我价值，是个体的人生活动对自己的生存和发展所具有的价值，主要表现为对自身物质和精神需要的满足程度，B 项不全面。

8. D【解析】本题考查社会价值的概念。人生的社会价值，是个体的人生活动对社会、他人所具有的价值。衡量人生的社会价值的标准是个体对社会和他人所作的贡献。

9. C【解析】本题考查对个人与他人的关系的理解。人类要生存，首先必须满足各种需要。任何需要都是一定主体在一定的生产关系的基础上，在一定的客观条件下，对一定对象的需要，都必然通过一定的社会关系才能实现。处理个人与他人的关系，关键是要处理好个人与他人的利益关系。因此，个人与他人的关系，在本质上是社会关系尤其是社会利益关系的表现形式。故 C 选项正确。

10. B【解析】本题考查人生价值的评价标准。人的社会性决定了人生的社会价值是人生价值的最基本内容。一个人的生活具有什么样的价值,从根本上说是由社会所规定的,而社会对于一个人的价值评判,也主要是以他对社会所作的贡献为标准。

11. A【解析】本题从另一个角度考查社会价值的概念。A 选项对社会和他人所作的贡献就是指的社会价值。

二、多项选择题

1. BCD【解析】本题考查世界观与人生观的逻辑关系。人生观与世界观是紧密联系在一起的。一方面,世界观决定人生观,有什么样的世界观,就有什么样的人生观。正确的世界观,是正确的人生观的基础,人们对人生意义的正确理解,需要建立在对世界发展客观规律正确认识的基础之上。在这个意义上可以说,人生观从属于世界观,没有正确的世界观,也就不可能有正确的人生观。只有树立了马克思主义的世界观,才能树立马克思主义的人生观。另一方面,人生观对世界观的巩固、发展和变化起着重要的作用。如果一个人的人生观发生变化,往往会导致世界观发生变化。A 选项把两者的关系说反了。

2. BCD【解析】本题考查人生观的内涵。人生观主要是通过人生目的、人生态度和人生价值三个方面体现出来的。人生目的,回答人为什么活着;人生态度,表明人应当怎样对待生活;人生价值,判别什么样的人生才有意义。这三个方面相辅相成,其中人生目的是人生观的核心。人生阅历是人一生具体道路的展现,不属于观念范畴。

3. ABCD【解析】本题考查对人生目的的理解。人生目的是人生观的核心,有什么样的人生目的就会有什么样的人生态度,就会追求什么样的人生价值。ABC 项是对 D 选项的诠释。

4. ACD【解析】本题考查人生态度的心理构成三要素。人生态度的形成既是一定社会环境影响的结果,也是一个复杂的心理过程,其中,认知、情感、意志是起着主要作用的三种心理要素。认知是人从环境中获取知识和应用知识的活动,它包括感觉、知觉、记忆、想象和推理等心理现象。情感指人在认识客观事物时所产生的内心体验,它包括满意不满意、愉快不愉快、喜爱不喜爱等倾向。意志指人自觉确定目的，有意识地组织、调节行为，并按主观意愿排除障碍和克服困难的心理过程，它是人的意识的能动方面，也是人的主体性的心理表现。当这些相关因素和条件发生变化时，人们的人生态度往往也会随之发生改变。

5. ABCD【解析】本题考查积极进取的人生态度或端正的人生态度的内容。应包括以下四个方面的内容。①人生须认真。以认真的态度对待人生，就是要严肃思考人的生命应有的意义，明确生活目标和肩负的责任，既要清醒地看待生活，又要积极认真地面对生活。②人生当务实。要从人生的实际出发，以科学的态度看待人生，以务实的精神创造人生，以求真务实的作风做好每一件事。③人生应乐观。乐观向上、热爱生活、对人生充满自信，体现了对自己、对社会、对生活的积极态度，这种态度是人们承受困难和挫折的心理基础。④人生要进取。人生实践是一个创造的过程，应当适应历史发展的趋势，以开拓进取的态度迎接人生的各种挑战，就能不断领悟美好人生的真谛，体验生活的快乐和幸福。即 ABCD 全选。

6. ABCD【解析】本题以极端个人主义人生观为例考查拜金主义、享乐主义和极端个人主义等错误人生观的本质。这些人生观尽管在形式上五花八门，内容上不尽一致，但它们却有着共同的特征：①它们都是剥削阶级的人生观，反映的都是狭隘的剥削阶级利益，不可能具有无产阶级的宽广胸怀和远大志向，更不能代表人民群众的利益。②它们都没有把握个人与社会的正确关系，忽视或否认社会性是人的存在和活动的本质属性，它们讨论人生问题的出发点和落脚点都是一己之私利。③它们对人的需要的理解是片面的，夸大了人生的某方面需要，而无视人的全面性和人生的整体需要。故 ABCD 全选。本题要学会举一反三。拜金主义和享乐主义的题目也要会做。

7. CD【解析】本题利用名言警句的方式，考查对人的社会价值的理解。人是生活在社会中的人，人的社会性决定了人生的社会价值是人生价值的最基本内容。一个人具有怎样的人生价值，从根本上说是由社会来决定的，而社会对于一个人的价值评判，也主要是以他对社会所作的贡献为标准，也就是爱因斯坦所说的"摆脱自我"。个体对社会和他人的生存和发展贡献越大，其人生的社会价值也就越大，进而他也在奉献中提升了自我，实现了人生的自我价值。AB两个选项说明的是人的自我价值。

8. AD【解析】本题考查人生价值的内容。人生价值内在地包含了人生的自我价值和社会价值两个方面。B项是经济学领域概念，C项的说法不规范。

9. ABCD【解析】本题考查人生价值的评价原则。掌握科学的人生价值评价方法必须要坚持：能力有大小和贡献须尽力相统一；物质贡献与精神贡献相统一；完善自身与贡献社会相统一；动机与效果相统一。

10. ABCD【解析】本题考查自我价值与社会价值的关系。人生的自我价值和社会价值，既相互区别，又密切联系、相互依存，共同构成人生价值的矛盾统一体。一方面，人生的自我价值是个体生存和发展的必要条件。个体提高自我价值的过程，就是通过努力自我完善以实现全面发展的过程。人生自我价值的实现构成了个体为社会创造更大价值的前提。另一方面，人生的社会价值是实现人生自我价值的基础，没有社会价值，人生的自我价值就无法存在。人总是生活在社会当中，个体无法脱离社会而存在和发展。个体的人生活动不仅具有满足自我需要的价值属性，还必然地包含着满足社会需要的价值属性。人是社会的人，这不仅意味着个体物质和精神的需要必须在社会中才能得到满足，还意味着以怎样的方式和在多大程度上得到满足也是由社会决定的。一个人的需要能不能从社会中得到满足，在多大程度上得到满足，取决于他的人生活动对社会和他人的贡献，即他的社会价值。ABCD四个选项全方位揭示了两者的辩证统一关系。

11. CD【解析】本题考查人生价值实现的社会条件。人生价值是在社会实践中实现的，人的创造力的形成、发展和发挥都要依赖于一定的社会客观条件。因此，实现人生价值要从社会客观条件出发。社会主义核心价值体系是中国特色社会主义社会的主流价值,体现了和谐社会建设所需要的文化认同和价值追求,是人们观察世界、判断事物的基本标准。因此,人生价值目标要与符合人类社会发展规律的社会主义核心价值体系相一致。AB 选项属于实现人生价值的个人条件范畴。

12．ABCD【解析】本题考查对"在实践中创造有价值的人生"的理解。美好的人生价值目标要靠社会实践才能化为现实。人生价值目标的实现是一个实践的过程,人生价值的评价就是对实践及其成果的评价。在实践中创造有价值的人生,就要走与人民群众相结合的道路,走与社会实践相结合的道路。其中 C 选项是对 A 选项的阐释。

13．ABCD【解析】本题考查对"科学对待人生环境"的理解,科学对待人生环境主要就是要促进自我身心的和谐、个人与他人的和谐、个人与社会的和谐、人与自然的和谐等。

14．ABCD【解析】本题考查保持身心和谐,即保持心理健康的途径和方法。保持健康的心理,需要掌握正确的方法:树立正确的世界观、人生观、价值观;掌握应对心理问题的科学方法、合理地控制情绪;积极参加集体活动,增进人际交往等都是有效的保持心理健康的方法。此外,积极参加体育锻炼,保持身体健康,也是促进心理健康的重要途径。D 选项容易被漏选,请考生注意。

15．ABCD【解析】本题考查个人他人和谐相处的四个原则。在促进个人与他人的和谐时应坚持平等原则、诚信原则、宽容原则和互助原则。平等是前提,诚信是保证,宽容是条件,互助是必然要求。从选项词性的褒贬色彩和常识就可以进行判断。

16．ABCD【解析】本题考查个人与社会和谐相处的四个方面的统一。

17．ACD【解析】本题考查人与社会和谐中个人利益与社会利益关系。在社会主义社会中,个人利益与社会整体利益在根本上是一致的,社会利益离不开个人利益,个人利益也离不开社会利益。社会整体利益不是个人利益的简单相加,而是所有人利益的有机统一,它体现了作为社会成员的个人的根本利益和长远利益,是个人利益得以实现的前提和基础,同时它也保障着个人利益的实现。故B选项错误。个人应自觉地维护社会的整体利益。当个人利益与社会利益发生矛盾时,个人利益要自觉服从社会利益。

18. ACD【解析】本题考查人与自然和和谐关系。科学把握人对自然的改造活动。人与其他自然存在物不同,人是有意识、有意志、有主观能动性的自然存在物,人并不是消极地依赖自然界生活,而是根据自身的需要利用和改造着自然,人类本身也在对自然的改造活动中不断发展自己。但是,人对自然的改造也存在着两面性,即人类在推进工业化过程中,一方面创造了丰富的物质财富,另一方面也存在掠夺自然资源,只考虑当前需要而忽视后代利益、先污染后治理、先开发后保护等问题。人与自然之间关系的不和谐也与日俱增。故B选项错误。促进人与自然的和谐,在促进经济发展的同时保护好人类赖以生存的自然环境,是人类以及人类的每个个体持续、健康发展的重要条件。

三、简答题答案要点

1. 人生观是世界观在对待人生问题上的具体体现,是世界观的重要组成部分。世界观决定人生观,有什么样的世界观,就有什么样的人生观。正确的世界观,是正确的人生观的基础,人生观从属于世界观,没有正确的世界观,也就不可能有正确的人生观。同时,人生观又对世界观的巩固、发展和变化起着重要的作用。如果一个人的人生观发生变化,往往会导致世界观发生变化。

2. 人生的自我价值和社会价值,既相互区别,又密切联系、相互依存,共同构成人生价值的矛盾统一体。

一方面,人生的自我价值是个体生存和发展的必要条件。个体提高自我价值的过程,就是通过努力自我完善以实现全面发展的过程。人生自我价值的实现构成了个体为社会创造更大价值的前提。另一方面,人生的社会价值是实现人生自我价值的基础,没有社会价值,人生的自我价值就无法存在。一个人的需要能不能从社会中得到满足，在多大程度上得到满足，取决于他的人生活动对社会和他人的贡献，即他的社会价值。

3. 比较客观、公正、准确地评价社会成员人生价值的大小，需要掌握恰当的评价方法，做到以下四个统一：

（1）坚持能力有大小与贡献须尽力相统一。

（2）坚持物质贡献与精神贡献相统一。

（3）坚持完善自身与贡献社会相统一。

（4）坚持动机与效果相统一。

4. 正确处理好竞争与合作的关系。从形式上看，竞争与合作是对立的，而从本质上看，二者又是相互伴随、相互统一的。竞争离不开合作，竞争获得的胜利，通常总是某一群体内部或多个群体之间通力合作的结果；合作也离不开竞争，没有竞争的合作就缺乏活力。竞争促进合作的广度和深度，合作又增强竞争的实力，正是这种竞争中的合作和合作中的竞争，推动着人类社会不断发展和进步。

5. （1）正确认识个体性与社会性的统一关系。

（2）正确认识个人需要与社会需要的统一关系。

（3）正确认识个人利益与社会利益的统一关系。

（4）正确认识享受个人权利与承担社会责任的统一关系。

四、分析题答案要点

1. （1）拜金主义和极端个人主义等错误人生观，内容上不尽一致，但它们却有着共同的本质特征：

其一，它们都是剥削阶级的人生观，反映的都是狭隘的剥削阶级利益，不可能具有无产阶级的宽广胸怀和远大志向，更不能代表人民群众的利益。

其二，它们都没有把握个人与社会的正确关系，忽视或否认社会性是人的存在和活动的本质属性，它们讨论人生问题的出发点和落脚点都是一己之私利。

其三，它们对人的需要的理解是片面的，夸大了人生的某方面需要，而无视人的全面性和人生的整体需要。

（2）只有以为人民服务为核心内容的人生观，才是科学高尚的人生观，才值得我们终生尊奉和践行。一个树立了为人民服务人生观的人，就能对人生的目的有更为深刻的理解，时时处处为人民着想，助人为乐，造福人民，成为受人民群众欢迎的人。一个树立了为人民服务人生观的人，就能以正确的人生态度对待人生、对待生活，始终对祖国和人民具有高度责任感，在服务人民、奉献社会中实现自己的人生价值。

（3）人的社会性决定了人生的社会价值是人生价值的最基本内容。一个人的生活具有什么样的价值，从根本上说是由社会所规定的，而社会对于一个人的价值评判，也主要是以他对社会所作的贡献为标准。

人生价值评价的根本尺度，是看一个人的人生活动是否符合社会发展的客观规律，是否通过实践促进了历史的进步。劳动以及通过劳动对社会和他人作出的贡献，是社会评价一个人的人生价值的普遍标准。

2.（1）人生价值内在地包含了人生的自我价值和社会价值两个方面。人生的自我价值，是个体的人生活动对自己的生存和发展所具有的价值，主要表现为对自身物质和精神需要的满足程度。人生的社会价值，是个体的人生活动对社会、他人所具有的价值。"给人温暖就是给自己幸福"体现出人生的自我价值和社会价值两个方面的内容和辩证关系，是郭明义人生价值观的集中反映。

人生的社会价值和自我价值，既相互区别，又相互联系。人生的社会价值是实现人生自我价值的基础。没有社会价值，人生的自我价值就无法存在。人是社会的人，这不仅意味着个体物质和精神的需要必须在社会中才能得到满足，还意味着以怎样的方式和在多大程度上得到满足也是由社会决定的。一个人的需要能不能从社会中得到满足，在多大程度上得到满足，取决于他的人生活动对社会和他人的贡献，即他的社会价值。

（2）"简单中的伟大"是人们对郭明义人生价值的评价。人生价值评价的根本尺度，是看一个人的人生活动是否符合社会发展的客观规律，是否促进了历史的进步，是否对社会和他人作出了贡献。

人生价值的评价原则之一，就是坚持能力有大小与贡献须尽力相统一。每个人的职业不同、能力大小不同，对社会贡献的绝对量也不同，不能简单地认为能力大的人就实现了人生价值，能力小的人就没有实现人生价值。任何人，只要在自己的岗位上尽职尽责、兢兢业业，就应该对其人生价值给予积极肯定的评价。郭明义多年坚持做平凡简单的事情，但是他的精神是伟大的，境界是崇高的。他影响、带动了更多的人，起了很好的示范作用，产生的社会效应是广泛而深远的。

3.（1）我国《宪法》明确规定"国家尊重和保障人权""中华人民共和国公民在法律面前一律平等"，并规定公民享有广泛的权利与自由，其中包括公民社会经济文化方面的权利等。平等权是指公民平等地享有权利，不受任何差别对待，要求国家给予同等保护的权利。它是我国宪法赋予公民的一项基本权利，是公民实现其他权利的前提与基础。图书馆作为公共资源，人人享有使用的权利，乞丐和拾荒者也不例外，管理者应该提供便利。公民在行使自由和权利的时候，不得损害公共利益和其他公民的合法自由和权利。读者没有高低贵贱之分，如果有人不愿意和乞丐和拾荒者一起阅读，有权选择离开。

（2）平等和宽容是处理人际关系的基本原则。平等待人是促进个人与他人和谐的前提，宽容也有助于消除人际间的紧张和矛盾。图书馆是公共场所，乞丐和拾荒者也有读书的需要和权利，理应受到尊重和平等对待。图书馆对乞丐和拾荒者免费开放，并不是一种施舍，读者可以被这种和谐的环境所改变，人们在相互尊重中心灵也得到了净化。

第四章 学习道德理论 注重道德实践

【框架体系】

```
学习道德理论 注重道德实践
├── 道德及其历史发展
│   ├── 道德的起源与本质
│   ├── 道德的功能与作用
│   └── 道德的历史发展
├── 继承和弘扬中华民族优良道德传统
│   ├── 继承和弘扬中华民族优良道德传统的重大意义
│   ├── 中华民族优良道德传统的主要内容
│   └── 正确对待中华民族道德传统
├── 践行和弘扬社会主义道德
│   ├── 社会主义道德建设与社会主义市场经济
│   ├── 为人民服务是社会主义道德建设的核心
│   └── 集体主义是社会主义道德建设的原则
└── 恪守公民基本道德规范
    ├── 我国公民基本道德规范
    └── 树立和践行社会主义荣辱观
```

【要点】

第一节 道德及其历史发展

一、道德的起源与本质

1. 道德的起源

道德作为一种社会现象,其产生有多方面的条件,经历了一个漫长的历史过程。

(1) 社会关系的形成是道德赖以产生的客观条件。

(2) 人类自我意识的形成与发展是道德产生的主观条件。

(3) 劳动创造了人和人类社会,劳动是人类道德起源的第一个历史前提。

(4) 人类最初的道德以风俗习惯等形式表现出来。

2. 道德的本质

道德作为一种特殊的社会意识形式,归根到底是由经济基础决定的,是社会经济关系的反映。

(1) 社会经济关系的性质决定着各种道德体系的性质。

(2) 社会经济关系所表现出来的利益决定着各种道德的基本原则和主要规范。

(3) 在阶级社会中,社会经济关系主要表现为阶级关系,因此,道德也必然带有阶级属性。

(4) 社会经济关系的变化必然引起道德的变化。

(5) 道德对社会经济关系的反映不是消极被动的,而是以能动的方式来把握世界,引导和规范人们的社会实践活动。

二、道德的功能与作用

1. 道德的主要功能

道德的功能,是指道德作为社会意识的特殊形式对于社会发展所具有的功效与能力。在道德的功能系统中，主要的功能是认识功能和调节功能。

（1）道德的认识功能是指道德反映社会现实，特别是反映社会经济关系的功效与能力。

（2）道德的调节功能是指道德通过评价等方式，指导和纠正人们的行为和实践活动，协调人们之间关系的功效与能力。这是道德最突出也是最重要的社会功能。道德评价是道德调节的主要形式，社会舆论、传统习惯和人们的内心信念是道德调节所赖以发挥作用的力量。

除了上述主要功能，道德还具有其他方面的功能，如导向功能、激励功能、辩护功能、沟通功能等，这些功能都是道德的认识功能和调节功能在某些方面的具体体现，都是建立在这两种功能的基础之上的派生功能。

2. 道德的社会作用

道德功能的发挥和实现所产生的社会影响及实际效果，就是道德的社会作用。道德的社会作用主要表现在：

（1）道德能够影响经济基础的形成、巩固和发展。

（2）道德是影响社会生产力发展的一种重要的精神力量。

（3）道德对其他社会意识形态的存在有着重大的影响。

（4）道德通过调整人们之间的关系维护社会秩序和稳定。

（5）道德是提高人的精神境界、促进人的自我完善、推动人的全面发展的内在动力。

（6）在阶级社会中，道德是阶级斗争的重要工具。

三、道德的历史发展

迄今为止，人类社会先后经历了五种基本社会形态，与此相适应，出现了道德发展的五种历史类型，即原始社会的道德、奴隶社会的道德、封建社会的道德、资本主义社会的道德、社会主义社会的道德。在社会主义社会，有一部分先进分子，还身体力行共产主义道德。

1. 道德发展规律

人类道德的发展，是一个曲折上升的历史过程。虽然在一定时期可能有某种停滞或倒退现象，但道德发展的总趋势是向上的、前进的，是沿着曲折的道路向前发展的。道德发展的规律是，人类道德发展的历史过程与社会生产方式的发展进程大体一致。

2. 人类道德进步的主要表现是：

（1）道德在社会生活中所起的作用越来越重要，对于促进社会和谐与人的全面发展的作用越来越突出。

（2）道德调控的范围不断扩大，调控的手段或方式不断丰富、更加科学合理。

（3）道德的发展和进步成为衡量社会文明程度的重要尺度。

第二节 继承和弘扬中华民族优良道德传统

一、继承和弘扬中华民族优良道德传统的重大意义

1. 继承和弘扬中华民族优良道德传统是社会主义现代化建设的客观需要。

2. 继承和弘扬中华民族优良道德传统是加强社会主义道德建设的内在要求。

3. 继承和弘扬中华民族优良道德传统是个人健康成长的重要条件。

二、中华民族优良道德传统的主要内容

1. 注重整体利益、国家利益和民族利益，强调对社会、民族、国家的责任意识和奉献精神。

2. 推崇"仁爱"原则，追求人际和谐。

3. 讲求谦敬礼让，强调克骄防矜。

4. 倡导言行一致，强调恪守诚信。

5. 追求精神境界，把道德理想的实现看作是一种高层次的需要。

6. 重视道德践履，强调修养的重要性，倡导道德主体要在完善自身中发挥自己的能动作用。

三、正确对待中华民族道德传统

中华民族的道德传统是一个矛盾体,具有鲜明的两重性。属于精华的部分,表现出积极、革新、进步的一面;属于糟粕的部分,则表现出消极、保守、落后的一面。正确对待中华民族道德传统,要坚持马克思主义的立场、观点和方法,既不能全盘肯定、全面照搬,也不能全盘否定、全面抛弃。要做好取舍和创造性的转化工作。

在对待传统道德的问题上,要反对两种错误观点。一种是虚无论,另一种是复古论。虚无论对传统道德不加分析地全盘否定,甚至"全盘西化"。复古论对传统道德中的精华和糟粕缺乏科学辨别,刻意拔高传统道德特别是儒家传统道德,主张以传统道德代替社会主义道德。这两种观点都割断了道德的历史与发展的关系,否定道德的历史进步性,结果必然否定革命道德传统,否定社会主义道德。从中国历史发展的过程来看,无论是虚无论还是复古论,都对社会的发展特别是道德文化的进步产生了十分消极的影响。

要树立高度的文化自觉和文化自信,全面认识祖国传统文化,取其精华、去其糟粕,古为今用、推陈出新,坚持保护利用、普及弘扬并重,加强对优秀传统文化思想价值的挖掘和阐发,加强对优秀传统文化传承体系的建设,维护民族文化基本元素,弘扬中华传统美德,使优秀传统文化成为新时代鼓舞人民前进的精神力量。

在对待其他民族或国家的道德文明成果的问题上,要坚持马克思主义的立场、观点和方法,坚持以我为主、为我所用的原则,既反对全盘西化、机械照搬,又反对全盘否定、盲目排外,在批判的基础上加以借鉴、吸收,剔除其带有阶级和时代局限性的糟粕,吸收其带有普遍性和一般性、对今天有积极意义的精华。

第三节 践行和弘扬社会主义道德

一、为人民服务是社会主义道德建设的核心

道德建设核心的问题,实质上是"为什么人服务"的问题。社会

主义道德建设以为人民服务为核心,具有深刻的理论依据和坚实的实践基础。

1. 为人民服务是社会主义经济基础和人际关系的客观要求。
2. 为人民服务是社会主义市场经济健康发展的要求。
3. 为人民服务体现着社会主义道德建设的先进性要求和广泛性要求的统一。

为人民服务作为社会主义道德建设的核心,是社会主义道德区别和优越于其他社会形态道德的显著标志。

二、集体主义是社会主义道德建设的原则

1. 在社会主义道德体系中,集体主义原则是指导人们行为选择的主导性原则。这是社会主义经济、政治、文化、社会和生态文明建设的必然要求。

(1) 生产资料公有制占主体地位的社会主义基本经济制度,为集体主义的实施创造了经济前提。

(2) 以工人阶级为领导阶级、以共产党为执政党的人民当家做主的国体、政体,为集体主义的实施创造了政治前提。

(3) 以马克思列宁主义、毛泽东思想和中国特色社会主义理论体系为指导的社会主义先进文化,为集体主义的实施创造了文化前提。

2. 社会主义集体主义原则的根本思想,就是正确处理集体利益和个人利益的关系。

(1) 社会主义集体主义强调集体利益和个人利益的辩证统一。

(2) 社会主义集体主义强调集体利益高于个人利益。社会主义集体主义强调,在个人利益与集体利益发生矛盾冲突,尤其是发生激烈冲突的时候,必须坚持集体利益高于个人利益的原则,即个人应当以大局为重,使个人利益服从集体利益,在必要时,为集体利益作出牺牲。

(3) 社会主义集体主义强调重视和保障个人的正当利益。

3. 社会主义集体主义的道德要求具体分为三个层次:

(1) 无私奉献、一心为公,这是集体主义的最高层次,是共产党

员、先进分子应努力达到的道德目标。

（2）先公后私、先人后己。这是已经具有较高的社会主义道德觉悟的人们能够达到的道德目标。

（3）公私兼顾、不损公肥私。这是对我国公民最基本的道德要求。

4. 共产主义道德表现为大公无私、公而忘私，毫不利己、专门利人，艰苦奋斗、无私奉献，全心全意为人民服务。社会主义初级阶段的道德建设，要把先进性要求与广泛性要求结合起来。离开现实的道德状况，只谈共产主义道德的崇高理想，就会脱离实际；忘记共产主义道德的远大理想，只谈道德的基本要求和最低要求，就会失去前进的方向。

第四节　恪守公民基本道德规范

一、公民基本道德规范的主要内容

2001年中共中央印发的《公民道德建设实施纲要》（以下简称《纲要》），第一次系统明确地提出"爱国守法、明礼诚信、团结友善、勤俭自强、敬业奉献"的公民基本道德规范。

二、诚实守信是公民道德建设的重点

公民道德建设以诚实守信为重点。就个人而言，诚实守信是高尚的人格力量；就单位而言，诚实守信是宝贵的无形资产；就社会而言，诚实守信是正常秩序的基本保证；就国家而言，诚实守信是良好的国际形象。在发展社会主义市场经济、构建社会主义和谐社会的过程中，更加需要大力倡导诚实守信的美德。

1. 诚实守信是市场经济条件下经济活动的一项基本道德准则。
2. 诚实守信是职业道德的一项基本要求。
3. 诚实守信是做人的一项基本道德准则。

实践证明，把诚信建设作为公民道德建设的重点来抓，能够带动和促进整个公民道德建设取得实际效果和实质进展。

三、树立和践行社会主义荣辱观

1. 社会主义荣辱观，贯穿社会生活各个领域，涵盖个人、集体、国家三者关系，是对社会主义思想道德体系全面系统、准确通俗的表达，为全体社会成员判断行为得失、作出道德选择提供了价值标准；

2. 社会主义荣辱观体现了中华民族传统美德、优秀革命道德与时代精神的有机融合，应当成为全体社会成员普遍遵循的基本行为规范。

3. 社会主义荣辱观作为社会主义核心价值体系的重要组成部分，已经成为并将继续成为引领社会风尚的一面旗帜。

【试题】

一、单项选择题

1. 人类道德起源的第一个历史前提是（　　）。
A. 社会关系的形成
B. 人类自我意识的形成与发展
C. 劳动
D. 风俗习惯的形成

2. 下列选项属于道德产生的主观条件的是（　　）。
A. 社会关系的形成
B. 人类自我意识的形成与发展
C. 劳动
D. 风俗习惯的形成

3. 道德作为一种特殊的社会意识形式，其本质决定于（　　）。
A. 生产力　　　　　　　　B. 经济基础
C. 上层建筑　　　　　　　D. 政治制度

4. 通过评价等方式，指导和纠正人们的行为和实践活动，协调人们之间关系的功效与能力是道德的（　　）。
A. 认识功能　　　　　　　B. 调节功能
C. 导向功能　　　　　　　D. 激励功能

5. 道德反映社会现实特别是反映社会经济关系的功效与能力，体现的是道德的（　　）。

A．认识功能　　　　　　　B．调节功能
C．激励功能　　　　　　　D．辩护功能

6. 道德的功能是指道德作为社会意识的特殊形式对于社会发展所具有的功能，其中最突出也是最重要的社会功能是（　　）。

A．辩护功能　　　　　　　B．沟通功能
C．调节功能　　　　　　　D．激励功能

7. 孔子强调"己所不欲，勿施于人"，"己欲立而立人，己欲达而达人"，反映了中华民族优良道德传统中的（　　）。

A．推崇"仁爱"原则，追求人际和谐的思想
B．讲求谦敬礼让，强调克骄防矜的思想
C．倡导言行一致，强调恪守诚信的思想
D．重视道德践履，强调道德修养的思想

8. 孔子说"仁远乎哉？我欲仁，斯仁至矣。"这句话反映了中华民族优良道德传统中的（　　）。

A．推崇"仁爱"原则，追求人际和谐的思想
B．讲求谦敬礼让，强调克骄防矜的思想
C．倡导言行一致，强调恪守诚信的思想
D．重视道德践履，强调道德修养的思想

9. 在对待中国传统道德的问题上，只承认中国传统道德的个别性、特殊性，而否定中国传统道德的一般性、普遍性，认为中国传统道德没有价值和意义的观点，属于（　　）。

A．拿来主义　　　　　　　B．复古论
C．历史虚无主义　　　　　D．闭关主义

10. 在对待中国传统道德的问题上，只承认中国传统道德的一般性、普遍性，而否定中国传统道德的个别性、特殊性，将传统的东西与现代的事物完全等同，这种观点属于（　　）。

A．拿来主义　　　　　　　B．复古论

C. 历史虚无主义　　　　　D. 闭关主义

11. 社会主义道德建设的核心是（　　）。

A. 爱国主义　　　　　　B. 集体主义
C. 为人民服务　　　　　D. 社会主义荣辱观

12. 社会主义道德建设的原则是（　　）。

A. 爱国主义　　　　　　B. 集体主义
C. 民族主义　　　　　　D. 人本主义

13. 社会主义集体主义的道德要求具体可分为多个层次，其中对我国公民最基本的道德要求是（　　）。

A. 无私奉献、一心为公
B. 先公后私、先人后己
C. 公私兼顾、不损公肥私
D. 先私后公、先己后人

14. 2001年中共中央印发的《公民道德建设实施纲要》中规定了公民基本道德规范的主要内容。公民道德建设的重点是（　　）。

A. 爱国守法　　　　　　B. 诚实守信
C. 勤奋自强　　　　　　D. 团结友善

15. 全面提高公民道德素质，要坚持依法治国和以德治国相结合，加强社会公德、职业道德、家庭美德、个人品德教育，弘扬中华传统美德，弘扬时代新风。下列选项中，既是道德规范又是法律原则的是（　　）。

A. 爱岗敬业　　　　　　B. 诚实守信
C. 助人为乐　　　　　　D. 勤俭持家

16. 反映了社会主义道德的本质要求的是（　　）。

A. 爱国主义精神　　　　B. 诚实守信准则
C. 艰苦奋斗作风　　　　D. 社会主义荣辱观

二、多项选择题

1. 下列关于人类道德的起源，表述正确的有（　　）。

A．社会关系的形成是道德赖以产生的客观条件

B．人类自我意识的形成与发展是道德产生的主观条件

C．劳动是人类道德起源的第一个历史前提

D．人类最初的道德以风俗习惯等形式表现出来

2．"道德作为一种特殊的社会意识形式，归根到底是由经济基础决定的，是社会经济关系的反映。"下列选项对这句话理解正确的有（　　）。

A．社会经济关系的性质决定着各种道德体系的性质

B．社会经济关系所表现出来的利益决定着各种道德的基本原则和主要规范

C．在阶级社会中，道德也必然带有阶级属性

D．社会经济关系的变化必然引起道德的变化

3．在道德的功能系统中，主要的功能包括（　　）。

A．认识功能　　　　　　　B．导向功能

C．激励功能　　　　　　　D．调节功能

4．道德功能的发挥和实现所产生的社会影响及实际效果，是道德的社会作用。下列关于道德的社会作用表述正确的有（　　）。

A．道德能够影响经济基础的形成、巩固和发展

B．道德是影响社会生产力发展的一种重要的精神力量

C．道德对其他社会意识形态的存在有着重大的影响

D．在阶级社会中，道德是阶级斗争的重要工具

5．下列关于道德的历史发展，表述正确的有（　　）。

A．道德在一定时期可能有某种停滞或倒退现象

B．道德的进步表现为道德调控的范围不断扩大

C．社会发展的最高境界是无为而治，道德变得可有可无

D．道德发展的总趋势是沿着曲折的道路向前发展的

6．人类道德进步的主要表现是（　　）。

A．道德的独立性越来越强，已经摆脱了经济基础的束缚，社会经济关系的变化不再引起道德的变化

B．道德在社会生活中所起的作用越来越重要，对于促进社会和谐与人的全面发展的作用越来越突出

C．道德调控的范围不断扩大，调控的手段或方式不断丰富且更加科学合理

D．道德的发展和进步成为衡量社会文明程度的重要尺度

7．中华民族优良道德传统概括起来主要有（　　）。

A．注重整体利益，推崇"仁爱"原则

B．讲求谦敬礼让，强调克骄防矜

C．倡导言行一致，强调恪守诚信

D．追求精神境界，重视道德践履

8．正确对待中华民族道德传统，做好取舍和创造性的转化工作，要有利于（　　）。

A．推动中国特色社会主义的建设事业

B．建设和形成中国特色社会主义的道德体系

C．维护广大人民群众的根本利益

D．培养社会主义"四有"新人的标准

9．在对待中华民族传统道德的问题上，复古论和虚无论的错误在于（　　）。

A．复古论只承认中华民族传统道德的一般性、普遍性而否定其个别性和特殊性

B．虚无论只承认中国传统道德的个别性、特殊性，而否定中国传统道德的一般性、普遍性

C．复古论只承认中国传统道德的个别性、特殊性，而否定中国传统道德的一般性、普遍性

D．虚无论只承认中华民族传统道德的一般性、普遍性而否定其个别性和特殊性

10．在对待传统道德的问题上，下列属于错误思潮的是（　　）。

A．坚持文化复古主义，中国的落后就是因为儒家文化的失落

B．吸取借鉴优良的道德文明成果

C. 实行历史虚无主义，中国要全盘西化

D. 坚持以我为主，为我所用的基本原则

11. 社会主义道德建设与社会主义市场经济的关系是（　　）。

A. 社会主义道德建设是与社会主义市场经济相适应的

B. 社会主义道德建设是一个独立的系统，与社会主义市场经济没有必然的联系

C. 社会主义道德建设为社会主义市场经济体制的建立和完善提供道德价值导向

D. 社会主义道德建设会束缚社会主义市场经济的发展

12. 与历史上一切剥削阶级道德相比，社会主义道德的基本特征有（　　）。

A. 能够在实践中不断地完善和发展

B. 建立在历史唯物主义的科学基础之上

C. 符合历史发展方向和人民的根本利益

D. 通过社会舆论和国家强制力量来维持

13. 社会主义道德建设之所以要以集体主义为原则，是因为（　　）。

A. 生产资料公有制占主体地位的社会主义基本经济制度，为集体主义的实施创造了经济前提

B. 以工人阶级为领导阶级、以共产党为执政党的人民当家做主的国体、政体，为集体主义的实施创造了政治前提

C. 以马克思列宁主义、毛泽东思想和中国特色社会主义理论体系为指导的社会主义先进文化，为集体主义的实施创造了文化前提

D. "国而忘家，公而忘私"的中华民族优良传统道德，为集体主义的事实创造了历史前提

14. 下列对社会主义集体主义原则的理解正确的有（　　）。

A. 社会主义集体主义强调集体利益和个人利益的辩证统一

B. 社会主义集体主义强调集体利益高于个人利益

C. 社会主义集体主义强调重视和保障个人的正当利益

D. 社会主义条件下，不会发生个人利益与集体利益的激烈冲突，因此不存在为了集体利益而牺牲个人利益的问题

15. 共产主义道德表现为（　　）。

A. 大公无私、公而忘私　　　B. 毫不利己、专门利人

C. 艰苦奋斗、无私奉献　　　D. 全心全意为人民服务

16. 下列属于我国《公民道德建设实施纲要》中规定的公民基本道德规范的有（　　）。

A. 爱国守法　　　　　　　　B. 明礼诚信

C. 勤俭自强　　　　　　　　D. 敬业奉献

17. 在发展社会主义市场经济、构建社会主义和谐社会的过程中，更加需要大力倡导诚实守信的美德，这是因为诚实守信是（　　）。

A. 市场经济条件下经济活动的一项基本道德准则

B. 职业道德的一项基本要求

C. 可以使利润最大化

D. 做人的一项基本道德准则

18. 践行社会主义荣辱观的重大意义体现在（　　）。

A. 能够增强人们的道德荣誉感和道德判断力

B. 对大学生的成长成才会产生重要的影响

C. 能够使社会成员自觉内化社会主义道德要求，强化道德自律意识，坚定道德意志和信念

D. 能够使社会成员明荣知耻、扬荣弃耻、提升人格、敦化风气，推动维系社会和谐的人际关系和道德风尚的形成

19. 社会主义荣辱观体现了社会主义道德建设的客观要求的方面有（　　）。

A. 为社会主义市场经济的发展提供良好的道德环境

B. 反映了社会主义道德的本质要求

C. 指明了社会主义道德建设的方向

D. 引领社会风尚的一面旗帜

三、简答题

1. 简述道德的社会作用。
2. 简述道德发展的规律和道德进步的表现。
3. 为什么社会主义道德建设要以为人民服务为核心？
4. 如何理解社会主义道德建设中的集体主义原则？

四、分析题（要求结合所学知识分析材料回答问题）

1. 材料：在马克思主义与中国传统文化相结合中，应该防止两种错误倾向，既要反对文化虚无主义，也要防止文化复古主义。社会主义革命是人类历史上从来没有过的推翻旧制度和改造旧文化的革命，因而在对待传统文化问题上，如果没有正确态度很容易犯否定传统的错误。这是一种文化虚无主义。文化虚无主义极力夸大马克思主义与中国传统文化的矛盾，认为马克思主义与中国传统文化不可两存，只能一方吃掉一方。"文化大革命"中所谓破"四旧"，既伤害了中国传统文化的血脉又极大败坏了马克思主义的威信，这是一个永远不应忘记的教训。但我们也要防止文化复古主义。特别是在倡导民族文化复兴，批判和纠正文化大革命"左"的错误后，又容易走向另一面。因为民族文化复兴与文化复古，鱼龙相混，不容易厘清，因而复古主义思潮可能沉渣泛起，这更值得注意。

重视传统文化不能与无条件地推行尊孔读经等同。我们应该全面研究中国传统文化，不能把重视中国传统文化变为独尊儒术，以为儒学经典中句句是真理，是永远不变的天道、常道，落入"天不变，道亦不变"的理论陷阱。传统文化终究是古代文化，我们立足于当代，以当代人的观点重新诠释传统文化，必须对传统文化进行合理的吸收和进行现代性转化，它表达的是现代人的眼光和观点，而不能把当代人的理解全部挂在古人名下，甚至为明显的错误观点辩解，极力拔高和加以粉饰。这不是对待传统文化的马克思主义态度。如果在传统文化中一切都至矣，尽矣，不可复加矣，真理尽在其中，那马克思主义与传统文化结合就会变为一句无的放矢的空话。

(陈先达:"既要反对文化虚无,也要防止文化复古"载《北京日报》2010年9月20日)

(1) 传统道德是传统文化的重要组成部分,在对待传统道德问题上,文化复古主义和文化(历史)虚无主义的错误何在?

(2) 应当如何正确对待传统道德文化?

2. (2012年研究生入学考试题) 材料:"新年不欠旧年账,今生不欠来生债",这是孙东林和哥哥孙水林的共同准则。1989年,孙东林与哥哥孙水林一同组建起建筑队伍,开始在北京、河南等地承接建筑工程和装饰工程。此后的20年中,无论遇到什么状况,孙东林从未拖欠过工人的工资。有时工程款不能及时拿到,他四处借钱,也要坚持将工资发放。他说,"诚信,是为人之道,也是立足之本"。

2010年2月9日,在天津承包建筑工程的孙水林,为抢在春节前赶回武汉给先期返乡的农民工发放工资,不顾路途遥远、天气恶劣,连夜赶路千里送薪。不料,2月10日凌晨遭遇车祸,一家五口不幸遇难。得知噩耗,孙东林悲痛不已。为了替哥哥完成遗愿,他带上哥哥车上的26万元钱,连续驱车15小时,返乡代兄为农民工发放工资。两天未合眼的孙东林流着眼泪赶回家中,和老人商议决定,先替哥哥完成遗愿,年前发完工钱再办丧事。他自己垫上6万以后,还差1万多元。这个时候,他们的老母亲拿着1万块现金交到儿子手上。这可是老人家的养老钱呀!

随后,孙家立即让工友互相通知上门领钱。发工资的时候,孙东林和工友们找不到账单,都是凭着一本"良心账",工友们说多少,孙东林就给多少。腊月二十九晚上,33.6万元工钱全部发完,竟与哥哥遇难前哥俩说过的数额相差无几。69名拿着工钱的工友对孙东林说,"明年我们跟你接着干"。

(1) 基于"信义兄弟"这个事例,怎样理解诚信及其道德力量?

(2) 在法律关系中,为什么也要坚守诚信?(注:第五章考点)

【答案及解析】

一、单项选择题

1. C【解析】劳动创造了人和人类社会,劳动是人类道德起源的第一个历史前提。人们在劳动中结成生产关系，并产生需要调整的人与人之间的利益关系，创造人们的道德需要，提供道德产生和发展的动力，也形成道德产生所需要的主客体统一的重要条件。A 选项是道德赖以产生的客观条件，B 选项是道德产生的主观条件，D 选项风俗习惯是人类最初的道德表现形式。

2. B【解析】参见上题。

3. B【解析】本题考查道德的本质。道德作为一种特殊的社会意识形式，归根到底是由经济基础决定的，是社会经济关系的反映。首先，社会经济关系的性质决定着各种道德体系的性质。其次，社会经济关系所表现出来的利益决定着各种道德的基本原则和主要规范。再次，在阶级社会中，社会经济关系主要表现为阶级关系，因此，道德也必然带有阶级属性。最后，社会经济关系的变化必然引起道德的变化。D 项政治制度属于上层建筑的范畴。

4. B【解析】本题考查的是道德调节功能的定义。教材中的一个概念，正向阅读是个命题，逆向阅读就是一个考题，而且往往是单选题，考生应该掌握这种命题方法。

5. A【解析】本题考查的是道德认识功能的定义。命题思路同上题。

6. C【解析】选项 ABC 都是道德的派生功能，或者说非主要功能。主要功能只有两个，一个是认识功能，但在选项中没有出现，另一个是 C 选项调节功能。其中最突出也是最重要的社会功能也是调节功能，因此选项 C 正确。

7. A【解析】本题通过名言警句考查中华民族优良道德传统的内容。考查名言警句中反映的思想或原理，是考试惯用的命题手段，本部分名言警句较多。考生在阅读到此类文字的时候，能做到一一对应，避免张冠李戴即可。

8. D【解析】本题通过名言警句考查中华民族优良道德传统的内容。命题思路同上题。

9. C【解析】本题考查对待中国传统道德的态度，具体考查对历史虚无论的理解。闭关主义与复古论相似，只强调坚持中国传统文化，而不同意吸收其他民族文化的优秀成果为我所用。拿来主义虽然与闭关主义相反，但一般都是针对外来文化而言的，与题意也不符。

10. B【解析】本题考查对待中国传统道德的态度，具体考查对复古论的理解。命题思路同上题。

11. C【解析】A项"爱国主义"是中华民族精神的核心；B项"集体主义"是社会主义道德建设的原则；C项"为人民服务"是社会主义道德建设的核心，也是科学高尚的人生观的核心；D项"社会主义荣辱观"是社会主义核心价值体系的组成部分，外延要比社会主义道德建设的核心更大。因此，选项C正确。

12. B【解析】本题考查社会主义道德建设的原则。在社会主义社会，人民当家做主，国家利益、集体利益和个人利益根本上的一致性，使得集体主义应当而且能够在全社会范围内贯彻实施。长期以来，集体主义已经成为调节国家、集体和个人三者利益关系的最重要的原则。在社会主义道德体系中，集体主义原则是指导人们行为选择的主导性原则。这是社会主义经济、政治、文化、社会建设的必然要求。

13. C【解析】本题考查集体主义原则下对我国公民道德建设最基本的要求。A项为共产党员和先进分子的道德要求；B项为比较高尚的道德要求；D项是一种错误、低级的道德要求。

14. B【解析】本题四个选项均属于公民基本道德的范畴，其中B项在公民基本道德规范中还可以表述为"明礼诚信"。教材中直接表述为"公民道德建设以诚实守信为重点"。因此，选项B正确。

15. B【解析】选项AB为职业道德规范；选项C为社会公德规范；选项D为家庭美德规范。四个选项均属于道德规范。其中选项B"诚实守信"，还是法律原则，因为民法的基本原则之一就是诚实信用原则，故选项B正确。

16. D【解析】本题考查社会主义荣辱观的定位和作用。以"八荣八耻"为主要内容的社会主义荣辱观，继承了我们党对社会主义道德规范的认识成果，用许多新思想、新认识丰富和发展了社会主义道德的内容，对社会主义道德体系做了全面系统、准确通俗的表达，是人们选择行为、评价善恶的普遍标准，也是衡量社会道德与精神文明发展水平的重要标尺。

二、多项选择题

1. ABCD【解析】ABCD 均为教材的正确表述。

2. ABCD【解析】本题考查道德的本质，ABCD 选项是对"经济基础决定上层建筑"原理的具体化。同时也要注意，道德对社会经济关系的反映不是消极被动的，而是以能动的方式来把握世界，引导和规范人们的社会实践活动。

3. AD【解析】本题考查道德的功能。在道德的功能系统中，主要的功能是认识功能和调节功能，除了上述主要功能，道德还具有其他方面的功能，如导向功能、激励功能、辩护功能、沟通功能等，这些功能都是道德的认识功能和调节功能在某些方面的具体体现，都建立在这两种功能的基础之上。

4. ABCD【解析】本题考查道德的社会作用，道德的社会作用是"上层建筑反作用于经济基础"的具体化。道德的社会作用主要表现在六个方面：道德能够影响经济基础的形成、巩固和发展；道德是影响社会生产力发展的一种重要的精神力量；道德对其他社会意识形态的存在有着重大的影响；道德通过调整人们之间的关系维护社会秩序和稳定；道德是提高人的精神境界、促进人的自我完善、推动人的全面发展的内在动力；在阶级社会中，道德是阶级斗争的重要工具。

5. ABD【解析】本题考查道德的发展规律和道德进步的表现。人类道德的发展，是一个曲折上升的历史过程。虽然在一定时期可能有某种停滞或倒退现象，但道德发展的总趋势是向上的、前进的，是沿着曲折的道路向前发展的。道德进步的表现是：（1）道德在社会生活中所起的作用越来越重要，对于促进社会和谐与人的全面发展的作用越来越突出。（2）道德调控的范围不断扩大，调控的手段或方式不断丰富且更加科学合理。（3）道德的发展和进步成为衡量社会文明程度的重要尺度。故 C 选项错误。

6. BCD【解析】本题考查人类道德进步的主要表现。具体解析参见上题。A选项错误的原因是道德作为一种特殊的社会意识形式，归根到底是由经济基础决定的，是社会经济关系的反映。

7. ABCD【解析】本题考查中华民族优良道德传统的内容。中华民族优良道德传统概括起来主要有：①注重整体利益、国家利益和民族利益，强调对社会、民族、国家的责任意识和奉献精神。②推崇"仁爱"原则，追求人际和谐。③讲求谦敬礼让，强调克骄防矜。④倡导言行一致，强调恪守诚信。⑤追求精神境界，把道德理想的实现看做是一种高层次的需要。⑥重视道德践履，强调修养的重要性，倡导道德主体要在完善自身中发挥自己的能动作用。

8. ABCD【解析】本题考查对待传统道德的态度。中华民族的道德传统是个矛盾体，具有鲜明的两重性。属于精华的部分，表现出积极、革新、进步的一面；属于糟粕的部分，则表现出消极、保守、落后的一面。正确对待中华民族道德传统，要坚持马克思主义的立场、观点和方法，既不能全盘肯定、全面照搬，也不能全盘否定、全面抛弃。要按照是否有利于推动中国特色社会主义的建设事业，是否有利于建设和形成中国特色社会主义的道德体系，是否有利于维护广大人民群众的根本利益，是否有利于培养社会主义"四有"新人的标准，做好取舍和创造性的转化工作。

9. AB【解析】本题考查对文化复古论和历史虚无论的评价。这两种思潮都是错误的，都割裂了共性和个性、抽象和具体、一般和个别、普遍性和特殊性的关系。复古论在对待中国传统道德的问题上，只承认其一般性、普遍性而否定其个别性和特殊性，把传统的东西与现代的事物完全等同，这实际上是否定道德的历史和发展。虚无论则只承认中国传统道德的个别性、特殊性，而否定中国传统道德的一般性、普遍性，这实际上也就割断了道德的历史继承性。仅仅从形式逻辑上进行判断，就知道AC项矛盾，BD项矛盾。最多有一半是正确的，而本题是多选，AB项正确。

10. AC【解析】本题考查对待传统道德的态度。在对待传统道德的问题上，文化复古主义和历史虚无主义都是应该予以否定的错误思潮，我们应该坚持的是用马克思主义的立场、观点、看法，坚持以我为主、为我所用的原则，既反对全盘西化、机械照搬，又反对全盘否定，盲目排外，在批判的基础上加以借鉴、吸收，剔除其带有阶级和时代局限性的糟粕，吸收其带有普遍性和一般性，对今天有积极意义的精华。

11. AC【解析】本题考查社会主义道德建设与社会主义市场经济的关系。我国的社会主义道德建设，是建立在我国的经济制度基础之上的并反映我国经济制度所提出的要求。社会主义市场经济体制的建立，为社会主义道德建设提出了新的要求。社会主义道德建设既有一个与社会主义市场经济相适应的现实要求，也有一个为社会主义市场经济体制的建立和完善提供道德价值导向的重要任务。BD 是明显的干扰项。

12. ABC【解析】本题考查社会主义道德的基本特征。社会主义道德是在历史唯物主义的指导下建立起来的，它符合人类历史的发展趋势。社会主义道德的核心是为人民服务，遵循的原则是集体主义，因此它也在最大的程度上体现了广大人民的根本利益。随着社会主义实践的不断发展，社会主义道德体系也会不断完善，具有与时俱进的基本特征。D 选项说的是法律的特征，与题意不符。

13. ABC【解析】本题考查社会主义道德建设以集体主义为原则的依据和前提。生产资料公有制占主体地位的社会主义基本经济制度，为集体主义的实施创造了经济前提；以工人阶级为领导阶级、以共产党为执政党的人民当家做主的国体、政体，为集体主义的实施创造了政治前提；以马克思列宁主义、毛泽东思想、中国特色社会主义理论体系为指导的社会主义先进文化，为集体主义的实施创造了文化前提。ABC 三个选项分别说明了经济、政治、文化这三个前提。D 项是较强的干扰项。社会主义道德建设的集体主义原则应当从现实找依据，而不是从历史中找依据。

14. ABC【解析】本题考查集体主义原则的具体内容要求。社会主义集体主义原则的内容如下：(1) 社会主义集体主义强调集体利益和个人利益的辩证统一。在社会主义社会中,国家利益、社会利益体现着个人根本的、长远的利益,是集体所有成员共同利益的统一。同时,每个人的正当利益,又都是集体利益不可分割的组成部分。(2)社会主义集体主义强调集体利益高于个人利益。在个人利益与集体利益发生矛盾冲突,尤其是发生激烈冲突的时候,必须坚持集体利益高于个人利益的原则,即个人应当以大局为重,使个人利益服从集体利益,在必要时,为集体利益作出牺牲。(3)社会主义集体主义强调重视和保障个人的正当利益。集体主义为培养人的健全人格、鲜明个性和创新精神提供了道义保障。对于集体主义来说,只有个人的价值、尊严得到实现,个人的正当利益得到保证,集体才能有更强大的生命力和凝聚力。D选项与解析(2)的内容不符,故D选项错误。

15. ABCD【解析】本题考查共产主义道德的内容。共产主义道德表现为:大公无私、公而忘私、毫不利己、专门利人、艰苦奋斗、无私奉献、全心全意为人民服务。通过选项的正统性判断,也可初步断定ABCD选项全部正确。

16. ABCD【解析】本题考查公民基本道德规范的内容。2001年中共中央印发的《公民道德建设实施纲要》(以下简称《纲要》),第一次系统明确地提出"爱国守法、明礼诚信、团结友善、勤俭自强、敬业奉献"的公民基本道德规范。注意和其他道德规范的区分,如社会公德、家庭美德部分,容易混淆。

17. ABD【解析】本题考查将诚实守信作为社会主义道德建设核心的原因。在发展社会主义市场经济、构建社会主义和谐社会的过程中,更加需要大力倡导诚实守信的美德。首先,诚实守信是市场经济条件下经济活动的一项基本道德准则。其次,诚实守信是职业道德的一项基本要求。最后,诚实守信是做人的一项基本道德准则。诚实守信美德,主要不是针对利润而言的,故C项错误。

18. ABCD【解析】本题考查践行社会主义荣辱观的重大意义。社会主义荣辱观是社会主义核心价值体系的重要组成部分,是当代中国社会最基本的价值取向和行为准则,对于大学生成长成才和培育文明道德风尚具有重要的规范、激励和指导作用。践行社会主义荣辱观能够增强人们的道德荣誉感和道德判断力。践行社会主义荣辱观对大学生的成长成才会产生重要的影响。践行社会主义荣辱观，能够使社会成员自觉内化社会主义道德要求，强化道德自律意识，坚定道德意志和信念，明荣知耻、扬荣弃耻、提升人格、敦化风气，推动维系社会和谐的人际关系和道德风尚的形成。通过选项的正统性判断，也可初步断定ABCD选项全部正确。

19. BCD【解析】本题考查对"社会主义荣辱观体现了社会主义道德建设的客观要求"的理解。①社会主义荣辱观反映了社会主义道德的本质要求。我国还处于并将长期处于社会主义初级阶段，以"八荣八耻"为主要内容的社会主义荣辱观，对社会主义道德体系做了全面系统、准确通俗的表达，是人们选择行为、评价善恶的普遍标准，也是衡量社会道德与精神文明发展水平的重要标尺。②社会主义荣辱观指明了社会主义道德建设的方向。引导人们树立社会主义荣辱观就牢牢把握了社会主义道德建设的方向和目的。③社会主义荣辱观是引领社会风尚的一面旗帜。社会风尚主要指一个时期、一定范围内，人们自觉或不自觉地遵循的价值取向、心理习惯和行为方式。以"八荣八耻"为主要内容的社会主义荣辱观，具有强大的整合力和引领力，是形成良好社会风气的思想道德基础。选项A属于社会主义市场经济对社会主义道德建设提出的新要求，因此不符合题意。

三、简答题答案要点

1. 道德功能的发挥和实现所产生的社会影响及实际效果，就是道德的社会作用。道德的社会作用主要表现在：

（1）道德能够影响经济基础的形成、巩固和发展。

（2）道德是影响社会生产力发展的一种重要的精神力量。

（3）道德对其他社会意识形态的存在有着重大的影响。

（4）道德通过调整人们之间的关系维护社会秩序和稳定。

（5）道德是提高人的精神境界、促进人的自我完善、推动人的全面发展的内在动力。

（6）在阶级社会中，道德是阶级斗争的重要工具。

2．人类道德的发展，是一个曲折上升的历史过程。虽然在一定时期可能有某种停滞或倒退现象，但道德发展的总趋势是向上的、前进的，是沿着曲折的道路向前发展的。道德发展的规律是人类道德发展的历史过程与社会生产方式的发展进程大体一致。人类道德进步主要表现在以下三个方面：

（1）道德在社会生活中所起的作用越来越重要，对于促进社会和谐与人的全面发展的作用越来越突出。

（2）道德调控的范围不断扩大，调控的手段或方式不断丰富、更加科学合理。

（3）道德的发展和进步成为衡量社会文明程度的重要尺度。

3．（1）为人民服务是社会主义经济基础和人际关系的客观要求。

（2）为人民服务是社会主义市场经济健康发展的要求。

（3）为人民服务体现着社会主义道德建设的先进性要求和广泛性要求的统一。

（4）为人民服务作为社会主义道德建设的核心，是社会主义道德区别和优越于其他社会形态道德的显著标志。

4．社会主义集体主义原则的根本思想，就是正确处理集体利益和个人利益的关系。

（1）社会主义集体主义强调集体利益和个人利益的辩证统一。

（2）社会主义集体主义强调集体利益高于个人利益。

（3）社会主义集体主义强调重视和保障个人的正当利益。

四、分析题答案要点

1．（1）虚无论对传统道德文化不加分析地全盘否定，甚至主张"全盘西化"。复古论对传统道德文化中的精华和糟粕缺乏科学辨别，刻意拔高传统道德特别是儒家传统道德，主张以传统道德代替社会主义道德。这两种观点都割断了道德的历史与发展的关系，否定道德的历史进步性，结果必然否定革命道德传统，否定社会主义道德。从中国历史发展的过程来看，无论是虚无论还是复古论，都对社会的发展特别是道德文化的进步产生了十分消极的影响。

（2）中华民族的传统道德文化是一个矛盾体，具有鲜明的两重性。属于精华的部分，表现出积极、革新、进步的一面；属于糟粕的部分，则表现出消极、保守、落后的一面。正确对待中华民族道德传统，要坚持马克思主义的立场、观点和方法，既不能全盘肯定、全面照搬，也不能全盘否定、全面抛弃。要做好取舍和创造性的转化工作。

2.（1）诚信在道德体系中具有重要地位，诚信是为人之道，立足之本，人无信不立。诚实守信是公民道德建设的重点，是中华民族的传统美德。在发展社会主义市场经济、构建社会主义和谐社会的过程中，更加需要大力倡导诚实守信的美德。首先，诚实守信是市场经济条件下经济活动的一项基本道德准则。市场经济越发达，对诚实守信的道德要求就越高。其次，诚实守信是职业道德的一项基本要求。最后，诚实守信是做人的一项基本道德准则。在"信义兄弟"事件中，孙家和工友都表现出诚信为本的美德。哥哥、弟弟、母亲都讲诚信，工友以诚相待，体现出诚实守信的优良品德。"信义兄弟"之举体现了诚信美德的凝聚力和影响力。

（2）法律与道德互为补充，相辅相成，二者统一于社会发展和社会管理中，缺一不可。道德规范作用的更好发挥，需要法律支撑；而法律作用的更好实现，则需要以道德建设为重要条件。良好社会秩序的形成、巩固和发展，要靠道德，也要靠法律。

诚实信用是我国民法的一项基本原则。法律要求民事主体从事民事活动、行使民事权利或履行民事义务时，应善意无欺，讲求信用；不规避法律和约定。在民事法律关系中，民事主体必须信守合同，依法行使权利，履行义务，坚守信用原则。

孙家虽然惨遭不幸，仍履行了按时发放工钱的承诺，这是诚实信用法律精神的要求和体现。

第五章　领会法律精神　理解法律体系

【框架体系】

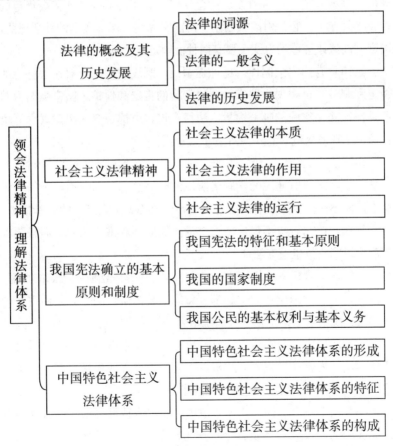

【要点】

第一节 法律的概念及其历史发展

一、法律的一般含义

1. 法律的本质和一般含义

（1）法律是由国家创制并保证实施的行为规范。法律区别于道德规范、宗教规范、风俗习惯、社会礼仪、职业规范等其他社会规范的首要之处在于，它是由国家创制并由国家强制力保证实施的社会规范。国家创制法律规范的方式主要有两种：制定或认可。

法律具有国家强制性。这种强制性，既表现为国家对违法行为的否定和制裁，也表现为国家对合法行为的肯定和保护。国家强制力并不是保证法律实施的唯一力量。法律意识、道德观念、纪律观念等也在保证法律实施的过程中发挥着重要作用。

（2）法律是统治阶级意志的体现。这一命题包含着丰富的内容。

首先，法律所体现的是统治阶级的阶级意志，即统治阶级的整体意志，而不是个别统治者的意志，也不是统治者个人意志的简单相加。

其次，统治阶级不仅迫使被统治阶级服从和遵守法律，而且要求统治阶级的成员也遵守法律。

最后，法律所体现的统治阶级意志，并不是统治阶级意志的全部，而仅仅是上升为国家意志的那部分意志。统治阶级的意志还体现在国家政策、统治阶级的道德、最高统治者的言论等形式之中。

（3）法律由社会物质生活条件决定。物质资料的生产方式是决定法律本质、内容和发展方向的根本因素。生产方式包括生产力与生产关系两个方面，对法律产生决定性的影响。

综合以上三个方面，法律是由国家制定或认可并依靠国家强制力保证实施的，反映由特定社会物质生活条件所决定的统治阶级意志，规定权利和义务，以确认、保护和发展有利于统治阶级的社会关系和社会秩序为目的的行为规范体系。

二、法律的历史发展

法律制度的基本内容和性质总是与其所在社会的生产关系相适应，因此，除原始社会没有法律外，法律发展史上也相应地先后产生过奴隶制法律、封建制法律、资本主义法律和社会主义法律。

1. 奴隶制法律。其主要特征有：

（1）具有明显的原始习惯残留痕迹。

（2）否认奴隶的法律人格。

（3）刑罚方式极其残酷。

（4）确认自由民之间的等级划分。

2. 封建制法律。封建制法律的基本特征有：

（1）肯定人身依附关系。

（2）封建等级制度。

（3）维护专制王权。

（4）刑罚严酷、野蛮擅断。

3. 资本主义法律。尽管它强调形式上的平等和自由，但它仍然是以资产阶级意志和利益为依归的法律制度，仍然属于剥削类型的法律。

（1）大陆法系：又称罗马法系、民法法系、法典法系等，是承袭古罗马法律的传统，仿照《法国民法典》和《德国民法典》的样式而建立起来的国家法律制度的总称。欧洲的法国、德国、意大利、荷兰、西班牙、葡萄牙等国和拉丁美洲、亚洲许多国家的法律都属于大陆法系。

（2）英美法系：又称英国法系、普通法系和判例法系，是承袭英国中世纪的法律传统而发展起来的各国法律制度的总称。英国、美国、澳大利亚、新西兰等国的法律制度均属于英美法系。

（3）大陆法系与英美法系的主要区别有：

①法律渊源不同。②法律结构不同。③法官权限不同。④诉讼程序不同。

（4）资本主义法律的基本特征主要体现为三个原则：

①私有财产神圣不可侵犯原则。
②与资本主义市场经济相适应的契约自由原则。
③与资本主义民主政治相适应的法律面前人人平等原则。

4. 社会主义法律。社会主义法律产生的历史过程有两个重要特点：

（1）社会主义法律是由社会主义国家政权所创立的。

（2）迄今为止，社会主义法律都是在经济文化相对落后的国家产生的。

社会主义法律是人类历史上唯一以公有制为基础，以消灭剥削、消除两极分化、实现共同富裕为历史使命的法律制度。它所承担的历史使命和所追求的历史目标是对以往各种历史类型法律制度的超越。

第二节 社会主义法律精神

一、社会主义法律的本质

我国社会主义法律从本质上看，体现了广大人民的意志，具有鲜明的科学性和先进性。

1. 从法律所体现的意志来看，我国社会主义法律是工人阶级领导下的广大人民意志的体现。

2. 从法律的实质内容来看，我国社会主义法律是社会历史发展规律和自然规律的反映，具有鲜明的科学性和先进性。

二、社会主义法律的作用

法律的作用是指法律对人的行为和社会关系所产生的影响和实效。我国社会主义法律除了具有规范作用外，还具有确立和维护社会主义制度的社会作用。

（一）法律的规范作用

根据法律的规范作用的指向和侧重，可以将社会主义法律的规范作用分为指引作用、预测作用、评价作用、强制作用和教育作用。

1. 指引作用。法律具有能够为人们提供一种既定的行为模式，从而引导人们在法律范围内活动的作用。指引作用是法律最首要的作用。法律的指引作用主要是通过授权性规范、禁止性规范和义务性规范三种规范形式实现的。与之相应的指引形式分别为授权性指引、禁止性指引和义务性指引。授权性指引是指运用授权性法律规范，告诉人们可以做什么或者有权做什么；禁止性指引是指运用禁止性法律规范，告诉人们不得做什么；义务性指引是指运用义务性法律规范，告诉人们应当或者必须做什么。

2. 预测作用。法律通过其规定，告知人们某种行为所具有的为法律所肯定或否定的性质以及它所导致的法律后果，使人们可以预先估计到自己行为的后果，以及他人行为的趋向与后果。

3. 评价作用。法律具有评价人们行为的法律意义的作用。法律的评价客体是自然人、法人和其他社会组织的行为。法律评价的标准是合法与不合法，只要违反了法律规定，就必须承担法律责任，受到法律制裁。

4. 强制作用。法律具有以国家强制力为后盾保障实施的作用。法律的强制作用是法律的其他作用的保障。

5. 教育作用。法律具有通过其规定和实施影响人们思想，培养和提高人们的法律意识，引导人们依法行为的作用。

(二) 社会主义法律的社会作用

社会主义法律的社会作用是其阶级本质和经济基础的集中体现，对于确立和维护社会主义的国家制度、经济制度、社会秩序以及推动社会改革与进步都具有重要的作用。

1. 确立和维护人民民主专政的国家制度。
2. 确立和维护社会主义的经济制度。
3. 确立和维护和谐稳定的社会秩序。
4. 推动社会改革与进步。

三、社会主义法律的运行

法律的运行是一个从创制、实施到实现的过程。这个过程主要包括法律制定（立法）、法律执行（执法）、法律适用（司法）、法律遵守（守法）等环节。

1. 法律制定。法律制定就是有立法权的国家机关依照法定职权和程序制定规范性法律文件的活动，是法律运行的起始性和关键性环节。

（1）全国人民代表大会及其常务委员会行使国家立法权，制定法律。

（2）国务院有权根据宪法和法律制定行政法规。

（3）国务院各部门可以根据宪法、法律和行政法规，在本部门的权限范围内，制定部门规章。

（4）省、自治区、直辖市的人民代表大会及其常委会根据本行政区域的具体情况和实际需要，在不同宪法、法律和行政法规相抵触的前提下，可以制定地方性法规。较大的市的人民代表大会及其常委会根据本市的具体情况和实际需要，在不同宪法、法律、行政法规和本省、自治区的地方性法规相抵触的前提下，可以制定地方性法规，报省、自治区的人民代表大会常委会批准后施行。

（5）省、自治区、直辖市、较大的市的人民政府可以根据法律、行政法规和本省、自治区、直辖市的地方性法规，制定地方政府规章。

（6）自治区、自治州、自治县的人民代表大会可以根据当地民族的具体情况制定自治条例和单行条例。

（7）特别行政区立法机关有权根据特别行政区基本法自主地制定本行政区的法律。

2. 法律执行。在广义上，法律执行是指国家机关及其公职人员，在国家和公共事务管理中依照法定职权和程序，贯彻和实施法律的活动。在狭义上，法律执行则是指国家行政机关执行法律的活动，也被称为行政执法。

3. 法律适用。法律适用是指国家司法机关及其公职人员依照法定职权和程序适用法律处理案件的专门活动。

（1）司法机关是指国家检察机关和审判机关。人民检察院代表国家行使法律监督权，人民法院代表国家行使审判权。

（2）司法的基本要求是正确、合法、合理、及时。

司法原则主要有：司法公正；公民在法律面前一律平等；以事实为依据，以法律为准绳；司法机关依法独立行使职权。

4. 法律遵守。法律遵守是指国家机关、社会组织和公民个人依照法律规定行使权力和权利以及履行职责和义务的活动。在法律运行过程中，守法是法律实施和实现的基本途径。

第三节 我国宪法确立的基本原则和制度

宪法是国家的根本大法，是治国安邦的总章程，具有最高的法律地位、法律权威、法律效力，具有根本性、全局性、稳定性、长期性。

一、我国宪法的特征和基本原则

(一) 宪法的特征

1. 在内容上（内容的根本性），宪法规定国家生活中最根本最重要的方面。诸如国家的性质、国家的政权组织形式和国家的结构形式、国家的基本国策、公民的基本权利和义务、国家机构的组织及其职权等，都在宪法中作了明确规定。

2. 在效力上（效力的至上性），宪法具有最高的法律效力。一切法律、行政法规、地方性法规的制定都必须以宪法为依据，遵循宪法的基本原则，不得与宪法相抵触。

3. 在制定和修改程序上（修改的严格性），宪法比其他法律更为严格。一方面，制定和修改宪法的机关，往往是依法特别成立的，而并非普通的立法机关。另一方面，通过、批准宪法或者其修正案的程序，往往严于普通法律。例如，我国宪法的修改由全国人民代表大会常务委员会或者1/5以上的全国人民代表大会代表提议，并由全国人民代表大会以全体代表的2/3以上的多数通过，而普通法律则只需要全国人民代表大会以全体代表的过半数通过。

(二) 宪法的基本原则

1. 党的领导原则。

2. 人民主权原则。人民主权是指国家中绝大多数人拥有国家的最高权力。人民当家做主是社会主义民主政治的本质和核心。

3. 人权保障原则。人权是指人基于生存和发展所必需的自由、平等权利。我国宪法规定"国家尊重和保障人权",并规定公民享有广泛的权利与自由,包括公民有参与国家政治生活的权利和自由、公民的人身自由和信仰自由、公民社会经济文化方面的权利等。

4. 法治原则。我国宪法明确规定实行依法治国,建设社会主义法治国家。依法治国的根本要求是"有法可依、有法必依、执法必严、违法必究"。依法治国首先是依宪治国,同时国家的法律法规也应获得普遍的服从。要推进国家各项工作法治化,维护社会公平正义,维护社会主义法制的统一、尊严、权威。任何组织和个人都要在宪法和法律范围内活动,一切违法行为都应受到法律的追究,法律面前人人平等。

5. 民主集中制原则。国家权力统一由全国人民代表大会和地方各级人民代表大会行使,全国人民代表大会和地方各级人民代表大会由民主选举产生,对人民负责,受人民监督。

二、我国的国家制度

(一) 人民民主专政制度

人民民主专政是我国的国体。

国体即国家性质,是国家的阶级本质,是指社会各阶级在国家生活中的地位和作用。我国宪法规定:"中华人民共和国是工人阶级领导的、以工农联盟为基础的人民民主专政的社会主义国家。"

(二) 人民代表大会制度

人民代表大会制度是中国社会主义民主政治最鲜明的特点,是人民当家做主的重要途径和最高实现形式,是社会主义政治文明的重要制度载体,是我国的根本政治制度。人民代表大会制度是我国的政权组织形式。政权组织形式，又称政体，是指掌握国家权力的阶级实现国家权力的政权体制，是形成和表现国家意志的方式，或者说是表现国家权力的政治体制。国体决定政体，政体体现国体。

（三）中国共产党领导的多党合作和政治协商制度

中国共产党领导的多党合作和政治协商制度是我国的一项基本政治制度，是中国特色社会主义政党制度。中国社会主义政党制度的特点是共产党领导、多党派合作，共产党执政、多党派参政。

（四）民族区域自治制度

民族区域自治制度是我国为解决民族问题，处理民族关系，实现民族平等、民族团结、各民族共同繁荣发展而建立的基本政治制度。我国采取的是单一制的国家结构形式。

（五）基层群众自治制度

基层群众自治制度是城乡基层群众在党的领导下，依法直接行使民主权利，管理基层公共事务和公益事业，实行自我管理、自我服务、自我教育、自我监督的一项重要政治制度。我国已经建立了农村村民委员会、城市居民委员会等基层群众自治组织。

（六）基本经济制度

我国宪法规定："中华人民共和国的社会主义经济制度的基础是生产资料的社会主义公有制，即全民所有制和劳动群众集体所有制。社会主义公有制消灭人剥削人的制度，实行各尽所能、按劳分配的原则。"同时还规定："国家在社会主义初级阶段，坚持公有制为主体、多种所有制经济共同发展的基本经济制度，坚持按劳分配为主体、多种分配方式并存的分配制度。"

全民所有制经济即国有经济，是国民经济中的主导力量，控制着国家的经济命脉，决定着国民经济的社会主义性质。

三、我国公民的基本权利与基本义务

（一）我国公民的基本权利

公民的基本权利也称宪法权利，是指由宪法规定的公民享有的基本的、必不可少的权利。

1. 平等权。平等权是指公民平等地享有权利，不受任何差别对待，要求国家给予同等保护的权利。它是我国宪法赋予公民的一项基本权利，是公民实现其他权利的前提与基础。我国宪法规定："中华人民共和国公民在法律面前一律平等。"

2. 政治权利和自由。政治权利和自由是指公民作为国家政治生活主体依法享有的参加国家政治生活的权利和自由，是国家为公民直接参与政治活动提供的基本保障。具体包括两个方面：

（1）选举权和被选举权。我国宪法规定："中华人民共和国年满十八周岁的公民，不分民族、种族、性别、职业、家庭出身、宗教信仰、教育程度、财产状况、居住期限，都有选举权和被选举权；但是依照法律被剥夺政治权利的人除外。"

（2）政治自由。政治自由主要是指公民表达自己政治意愿的自由。我国宪法规定："中华人民共和国公民有言论、出版、集会、结社、游行、示威的自由。"

3. 宗教信仰自由。我国宪法规定："中华人民共和国公民有宗教信仰自由。"国家保护正常的宗教活动。任何人不得利用宗教进行破坏社会秩序、损害公民身体健康、妨碍国家教育制度的活动。

4. 人身自由权。人身自由包括狭义和广义两方面。狭义的人身自由主要指公民的身体不受非法侵犯，广义的人身自由则还包括与狭义人身自由相关联的人格尊严，住宅不受侵犯，通信自由和通信秘密受法律保护等与公民个人生活有关的权利和自由。人身自由是公民具体参加各种社会活动和实际享受其他权利的前提，也是保持和发展公民个性的必要条件。

5. 监督权和取得国家赔偿权。

6. 社会经济权。社会经济权是指公民享有的经济生活和物质利益方面的权利，是公民实现其他权利的物质基础。主要包括：

（1）财产权。指公民对其合法财产享有的不受非法侵权的权利。

（2）劳动权。我国宪法规定，中华人民共和国公民有劳动的权利和义务。

（3）休息权。我国宪法规定，中华人民共和国劳动者有休息的权利。

（4）物质帮助权。是公民因特定原因不能通过其他正当途径获得必要的物质生活手段时，从国家和社会获得生活保障、享受社会福利的一种权利。

7. 文化教育权。我国宪法规定，中华人民共和国公民有受教育的权利和义务。

8. 特定主体权利。宪法中的这些特定主体具体是指妇女、离退休人员、残废军人、残疾人、军烈属、母亲、儿童、老人、青少年、华侨等。

(二)我国公民的基本义务

公民的基本义务也称宪法义务，是指由宪法规定的公民必须遵守和应尽的根本责任。

1. 维护国家统一和全国各民族团结。
2. 遵守宪法和法律。
3. 维护祖国的安全、荣誉和利益。
4. 保卫祖国、依法服兵役和参加民兵组织。
5. 依法纳税。
6. 其他义务。我国宪法还规定，夫妻双方有实行计划生育的义务，父母有抚养教育未成年子女的义务，成年子女有赡养扶助父母的义务。

第四节　中国特色社会主义法律体系

一、中国特色社会主义法律体系的特征

1. 体现中国特色社会主义的本质要求。
2. 体现改革开放和社会主义现代化建设的时代要求。
3. 体现结构内在统一而又多层次的国情要求。

4. 体现继承中国法制传统和借鉴人类法制文明成果的文化要求。

5. 体现动态、开放、与时俱进的发展要求。

二、中国特色社会主义法律体系的构成

中国特色社会主义法律体系，是以宪法为统帅，以法律为主干，以行政法规、地方性法规为重要组成部分，由宪法相关法、民法商法、行政法、经济法、社会法、刑法、诉讼与非诉讼程序法等多个法律部门组成的有机统一整体。

（一）中国特色社会主义法律体系的层次

1. 宪法是中国特色社会主义法律体系的统帅。一切法律、行政法规、地方性法规的制定都必须以宪法为依据，遵循宪法的基本原则，不得与宪法相抵触。

2. 法律是中国特色社会主义法律体系的主干。全国人大及其常委会制定的法律，是中国特色社会主义法律体系的主干，解决的是国家发展中带有根本性、全局性、稳定性和长期性的问题，是国家法制的基础，行政法规和地方性法规不得与法律相抵触。

3. 行政法规是中国特色社会主义法律体系的重要组成部分。国务院根据宪法和法律，制定行政法规。行政法规是将法律规定的相关制度具体化，是对法律的细化和补充。

4. 地方性法规也是中国特色社会主义法律体系的重要组成部分。

（二）中国特色社会主义法律体系的部门

1. 宪法相关法。宪法相关法是与宪法相配套、直接保障宪法实施和国家政权运作等方面的法律规范。

2. 民法商法。

（1）民法是调整平等主体的公民之间、法人之间、公民和法人之间的财产关系和人身关系的法律规范，遵循民事主体地位平等、意思自治、公平、诚实信用等基本原则。

（2）商法调整商事主体之间的商事关系，遵循民法的基本原则，同时秉承保障商事交易自由、等价有偿、便捷安全等原则。

3. 行政法。行政法是关于行政权的授予、行政权的行使以及对行政权的监督的法律规范，调整的是行政机关与行政管理相对人之间因行政管理活动发生的关系，遵循职权法定、程序法定、公正公开、有效监督等原则，既保障行政机关依法行使职权，又注重保障公民、法人和其他组织的权利。

4. 经济法。经济法是调整国家从社会整体利益出发，对经济活动实行干预、管理或者调控所产生的社会经济关系的法律规范。经济法为国家对市场经济进行适度干预和宏观调控提供法律手段和制度框架，防止市场经济的自发性和盲目性所导致的弊端。

5. 社会法。社会法是调整劳动关系、社会保障、社会福利和特殊群体权益保障等方面的法律规范，遵循公平和谐和国家适度干预原则，通过国家和社会积极履行责任，对劳动者、失业者、丧失劳动能力的人以及其他需要扶助的特殊人群的权益提供必要的保障，维护社会公平，促进社会和谐。我国重视社会保障制度建设，制定了社会保险法，建立了基本养老保险、基本医疗保险、工伤保险、失业保险和生育保险五项保险制度。

6. 刑法。刑法是规定犯罪与刑罚的法律规范。它通过规范国家的刑罚权，惩罚犯罪，保护人民，维护社会秩序和公共安全，保障国家安全。我国刑法确立了罪刑法定、法律面前人人平等、罪刑相适应等基本原则。

我国刑法规定了刑罚的种类，包括管制、拘役、有期徒刑、无期徒刑、死刑五种主刑以及罚金、剥夺政治权利、没收财产三种附加刑。

7. 诉讼与非诉讼程序法。诉讼与非诉讼程序法是规范解决社会纠纷的诉讼活动与非诉讼活动的法律规范。诉讼法律制度是规范国家司法活动解决社会纠纷的法律规范，非诉讼程序法律制度是规范仲裁机构或者人民调解组织解决社会纠纷的法律规范。

（1）刑事诉讼法，规定一切公民在适用法律上一律平等，人民法院、人民检察院分别独立行使审判权、检察权，人民法院、人民检察院、公安机关分工负责、互相配合、互相制约，保证犯罪嫌疑人、被告人获得辩护,未经人民法院依法判决,对任何人不得确定有罪等刑事诉讼的基本原则和制度。

(2) 民事诉讼法,确立了当事人有平等的诉讼权利、根据自愿和合法的原则进行调解、公开审判、两审终审等民事诉讼的基本原则和制度。

(3) 行政诉讼法,确立了"民告官"的法律救济制度。

(4) 仲裁法,明确将自愿、仲裁独立、一裁终局等原则作为仲裁的基本原则。

(5) 人民调解,是一项具有中国特色的化解矛盾、消除纷争的非诉讼纠纷解决方式。

【试题】

一、单项选择题

1. 法律区别于道德规范、风俗习惯等其他社会规范的首要之处在于( )。

　　A. 由国家创制并保证实施
　　B. 统治阶级意志的体现
　　C. 内容由社会物质生活条件决定
　　D. 以权利义务为内容

2. 最终决定法律内容的根本因素是( )。

　　A. 国家政策　　　　　　B. 最高统治者的言论
　　C. 统治阶级的道德　　　D. 物质生活条件

3. 国家机关赋予某些既存社会规范以法律效力,或者赋予先前的判例以法律效力的活动,属于法律的( )。

　　A. 制定　　B. 认可　　C. 移植　　D. 继承

4. 法律发展经历了不同的阶段,在下列社会形态的法律中,首次强调实质上的自由与平等的是( )。

　　A. 奴隶制法律　　　　　B. 封建制法律
　　C. 资本主义法律　　　　D. 社会主义法律

5. 我国社会主义法律所体现的意志是（   ）。
   A．工人阶级的意志   B．农民阶级的意志
   C．共产党的意志   D．广大人民的意志

6. 法律通过其规定，告知人们某种行为所具有的、为法律所肯定或否定的性质以及它所导致的法律后果，使人们可以预先估计到自己行为的后果，以及他人行为的趋向与后果。这体现了法律规范的（   ）。
   A．指引作用   B．预测作用
   C．评价作用   D．教育作用

7. 将犯罪分子绳之以法，集中体现了法律规范的（   ）。
   A．指引作用   B．强制作用
   C．评价作用   D．教育作用

8. 下列选项，集中体现了法律的经济基础和阶级本质，体现了法律在确立和维护社会主义制度方面作用的是法律的（   ）。
   A．指引作用   B．强制作用
   C．规范作用   D．社会作用

9. 法律所具有的、通过其规定和实施而影响人们思想，培养和提高人们法律意识，引导人们依法行为的作用，指的是法律规范的（   ）。
   A．指引作用   B．预测作用
   C．评价作用   D．教育作用

10. 国家机关及其公职人员，在国家和公共事务管理中依照法定职权和程序，贯彻和实施法律的活动，称为（   ）。
    A．法律运行   B．法律执行
    C．法律适用   D．法律遵守

11. 在下列法律运行的环节中，属于法律实施和实现的最基本的途径的是（   ）。
    A．法律制定   B．法律执行
    C．法律适用   D．法律遵守

12. 国家司法机关及其公职人员依照法定职权和程序适用法律处理案件的专门活动，称为（   ）。

A．法律运行 　　　　　B．法律执行
C．法律适用 　　　　　D．法律遵守

13．在我国现行法律体系中，作为国家的根本大法，具有最高法律效力的是（　　）。

A．民法　　B．刑法　　C．宪法　　D．行政法

14．能使我国宪法修改生效的表决通过人数为全国人民代表大会全体代表（　　）。

A．过半数 　　　　　B．2/3以上多数
C．3/4以上多数 　　　D．一致通过

15．我国的国体是（　　）。

A．社会主义公有制
B．人民民主专政制度
C．人民代表大会制度
D．中国共产党领导的多党合作和政治协商制度

16．作为国民经济中的主导力量，控制着国家的经济命脉，决定着国民经济的社会主义性质的是（　　）。

A．全民所有制经济 　　B．集体所有制经济
C．公有制经济 　　　　D．民族经济

17．反映一国国家性质，体现社会各阶级在国家生活中的地位和作用的是（　　）。

A．国体 　　　　　　　B．政体
C．政党制度 　　　　　D．基本经济制度

18．下列选项，作为我国社会主义政治文明的重要制度载体和我国的根本政治制度的是（　　）。

A．社会主义制度 　　　B．人民民主专政制度
C．人民代表大会制度 　D．社会主义公有制

19．通讯自由隶属于我国公民的哪项基本权利和自由（　　）。

A．政治权利 　　　　　B．政治自由
C．人身自由权 　　　　D．社会经济权利

20．区分各国公民的关键之处在于（　　）。
A．民族　　B．种族　　C．国籍　　D．出生地

21．中国特色社会主义法律体系是由多个法律部门组成的有机统一整体，其中居于统帅地位的法律部门是（　　）。
A．宪法　　B．民法商法　C．刑法　　D．行政法

22．中国特色社会主义法律体系是由多个法律部门、多个层次的法律规范构成的有机统一的整体，其中作为中国特色社会主义法律体系主干的是（　　）。
A．宪法　　　　　　　　B．法律
C．行政法规　　　　　　D．地方性法规

23．全部现行法律规范按照一定的标准和原则划分为不同的门类，称为（　　）。
A．法系　　　　　　　　B．法律体系
C．法律部门　　　　　　D．法律渊源

24．一国法律部门所构成的具有内在联系的统一整体是（　　）。
A．法系　　　　　　　　B．法律体系
C．法律部门　　　　　　D．法律渊源

25．调整平等主体的公民、法人之间的财产关系和人身关系的法律规范的总称是（　　）。
A．民法　　B．商法　　C．经济法　D．公司法

26．《劳动法》隶属的法律部门为（　　）。
A．民商法　B．社会法　C．行政法　D．经济法

27．在下列法律部门中，规定的处罚措施最严厉的是（　　）。
A．宪法　　B．刑法　　C．民商法　D．行政法

28．下列有权制定行政法规的机关是（　　）。
A．全国人大及其常委会
B．国务院
C．国务院各部委
D．省、自治区、直辖市的人大及其常委会

29. 下列程序法中,体现了"民告官"的法律救济制度的是（　　）。
A. 民事诉讼　　　　　　B. 仲裁调解
C. 行政诉讼　　　　　　D. 刑事诉讼

二、多项选择题

1. "法律"一词有广义和狭义两种用法。就我国现行的法律而论,广义的法律包括（　　）。
A. 全国人民代表大会及其常务委员会制定的法律
B. 国务院制定的行政法规
C. 地方国家权力机关制定的地方性法规
D. 民族自治地方的人民代表大会制定的自治条例和单行条例

2. 下列关于"法律是统治阶级意志的体现"的表述,正确的有（　　）。
A. 法律所体现的是统治阶级的整体意志
B. 法律是专门为被统治阶级而制定的
C. 法律所体现的统治阶级意志,并不是统治阶级意志的全部
D. 统治阶级的意志就是国家意志

3. 法律的内涵应该包括（　　）。
A. 由国家制定或认可
B. 以国家强制力保证实施
C. 由特定社会物质生活条件所决定
D. 统治阶级意志的体现

4. 下列选项,在保证法律的实施过程中发挥着重要作用的有（　　）。
A. 国家强制力　　　　　B. 法律意识
C. 道德观念　　　　　　D. 纪律观念

5. 按照经济基础决定上层建筑的历史唯物主义原理,法律制度的基本内容和性质总是与其所在社会的生产关系相适应的,下列选项属于法律发展史出现过的法律制度的有（　　）。
A. 原始社会法律　　　　B. 奴隶制法律
C. 封建制法律　　　　　D. 共产主义法律

6. 下列选项的表述中，属于奴隶制法律的特征的有（　　）。

A．具有明显的原始习惯残留痕迹

B．刑罚方式极其残酷

C．肯定人身依附关系

D．确认自由民之间的等级划分

7. 下列选项体现的是封建社会法律基本特征的有（　　）

A．肯定人身依附关系

B．维护专制王权

C．刑罚方式极其残酷

D．具有明显的原始习惯残留痕迹

8. 在资本主义法律的产生和发的过程中，形成了不同的法系，其中大陆法系又被称为（　　）。

A．罗马法系　　　　B．民法法系

C．普通法系　　　　D．法典法系

9. 在资本主义法律产生和发展的过程中形成两大法系，即大陆法系和英美法系。这两大法系的主要区别有（　　）。

A．法律本质不同　　B．法律渊源不同

C．法律结构不同　　D．法官权限不同

10. 在资本主义法律的产生和发展的过程中，形成了不同的法系，其中英美法系又被称为（　　）。

A．法典法系　　　　B．英国法系

C．普通法系　　　　D．判例法系

11. 下列关于社会主义法律的理解，表述正确的有（　　）。

A．社会主义法律都是由社会主义国家政权所创立的

B．迄今为止社会主义法律都是在经济文化相对落后的国家产生的

C．社会主义法律强调私有财产神圣不可侵犯

D．社会主义法律是人类历史上唯一以消灭剥削、消除两极分化、实现共同富裕为历史使命的法律制度

12. 下列关于我国社会主义法律的本质，表述正确的有（　　）。

A．具有最广泛的人民性，而不再强调阶级性

B. 坚持了辩证唯物主义和历史唯物主义的世界观和方法论

C. 善于借鉴我国传统法和外国法的成功经验

D. 中国特色社会主义事业顺利发展，社会主义和谐社会建设的法律保障

13. 下列选项属于法律的规范作用的是（　　）。

A. 指引作用　　　　　　B. 预测作用

C. 评价作用　　　　　　D. 教育作用

14. 实现法律规范的指引作用的规范形式有（　　）。

A. 授权性规范　　　　　B. 禁止性规范

C. 义务性规范　　　　　D. 惩戒性规范

15. 柏拉图说："法律有一部分是为有美德的人制定的，如果他们愿意和平善良地生活，那么法律可以教会他们在与他人的交往中所要遵循的准则；法律也有一部分是为那些不接受教诲的人制定的，这些人顽固不化，没有任何办法能使他们摆脱罪恶。"这段话所凸显的法律的规范作用是（　　）。

A. 预测作用　　　　　　B. 保障作用

C. 强制作用　　　　　　D. 教育作用

16. 集中体现了法律的经济基础和阶级本质，体现了法律在确立和维护社会主义制度方面作用的是法律的社会作用，下列属于我国社会主义法律的社会作用的有（　　）。

A. 确立和维护人民民主专政的国家制度

B. 确立和维护社会主义的经济制度

C. 确立和维护和谐稳定的社会秩序

D. 推动社会改革与进步

17. 下列属于法律的运行环节的有（　　）。

A. 法律制定　　　　　　B. 法律遵守

C. 法律执行　　　　　　D. 法律适用

18. 下列属于我国宪法基本特征的有（　　）。

A. 在内容上，宪法规定国家生活中最根本最重要的方面

B. 在效力上，宪法的法律效力最高

C. 在制定和修改程序上，宪法比其他法律更为严格

D. 在司法程序上，具有优先适用性

19. 能有效提出宪法修改议案的主体有（　　）。

A. 全国人民代表大会常务委员会

B. 国家主席

C. 国务院

D. 1/5 以上的全国人民代表大会代表

20. 下列属于我国宪法的基本原则的有（　　）。

A. 党的领导原则　　　　B. 人民主权原则

C. 法治原则　　　　　　D. 民主集中制原则

21. 下列选项，属于我国的国家制度的有（　　）。

A. 人民民主专政制度　　B. 人民代表大会制度

C. 民族区域自治制度　　D. 基层群众自治制度

22. 中国社会主义政党制度的特点是（　　）。

A. 共产党领导　　　　　B. 多党派合作

C. 共产党执政　　　　　D. 多党派参政

23. 下列属于我国宪法规定的公民的基本权利的有（　　）。

A. 宗教信仰自由　　　　B. 劳动权

C. 休息权　　　　　　　D. 物质帮助权

24. 政治权利和自由是指公民作为国家政治生活主体依法享有的参加国家政治生活的权利和自由，是国家为公民直接参与政治活动提供的基本保障，这一基本权利具体包括（　　）。

A. 自由权　　　　　　　B. 被选举权

C. 宗教信仰自由　　　　D. 政治自由

25. 下列选项属于我国宪法规定的公民的人身自由权的有（　　）。

A. 身体不受侵犯　　　　B. 人格尊严不受侵犯

C. 住宅不受侵犯　　　　D. 通信自由和通信秘密

26. 下列选项属于我国宪法规定的社会经济权的有（　　）。

A. 财产权 B. 劳动权
C. 休息权 D. 受教育权

27. 下列既属于宪法规定的基本权利，又属于宪法规定的基本义务的有（   ）。

A. 劳动权 B. 受教育权
C. 批评、建议权 D. 申诉、控告、检举权

28. 下列选项属于我国宪法规定的公民的基本义务的有（   ）。

A. 依法纳税

B. 维护国家统一和全国各民族团结

C. 维护祖国的安全、荣誉和利益

D. 保卫祖国、依法服兵役和参加民兵组织

29. 中国特色社会主义法律体系的形成，是中国社会主义民主法治建设的一个重要里程碑，体现了改革开放和社会主义现代化建设的伟大成果，具有重大的现实意义和深远的历史意义，具体体现为（   ）。

A. 从制度上、法律上确保中国共产党始终成为中国特色社会主义事业的领导核心

B. 从制度上、法律上保障国家始终坚持改革开放的正确方向

C. 从制度上、法律上解决了国家发展中带有根本性、全局性、稳定性和长期性的问题

D. 从制度上、法律上实现了中国与国际接轨，体现了对西方发达国家法律制度的吸收与转化

30. 中国特色社会主义法律体系，是中国特色社会主义制度的重要组成部分，具有十分鲜明的特征，体现了（   ）。

A. 改革开放和社会主义现代化建设的时代要求

B. 结果内在统一而又多层次的国情要求

C. 继承中国法制传统和借鉴人类法制文明成果的文化要求

D. 动态、开放、与时俱进的发展要求

31. 在我国，有权制定法律的机关有（   ）。

A. 全国人大 B. 全国人大常委会

C. 国务院　　　　　　　D. 国务院各部委

32. 民法是调整民事主体之间财产关系和人身关系的法律规范，下列选项，属于民法的基本原则的有（　　）。

　　A. 民事主体地位平等　　B. 意思自治
　　C. 公平原则　　　　　　D. 诚实信用

33. 商事法律调整商事主体之间的商事关系，除了遵循民法的基本原则之外，还要遵循的原则有（　　）。

　　A. 保障交易自由　　　　B. 等价有偿
　　C. 便捷安全　　　　　　D. 职权法定

34. 行政法调整的是行政机关与行政管理相对人之间因行政管理活动而发生的关系，行政法的原则有（　　）。

　　A. 职权法定　　　　　　B. 程序法定
　　C. 公正公开　　　　　　D. 有效监督

35. 我国重视社会保障制度建设，制定了社会保险法，确立了覆盖城乡全体居民的社会保险体系，下列属于我国的社会保险制度的有（　　）。

　　A. 养老保险　　　　　　B. 医疗保险
　　C. 工伤保险　　　　　　D. 生育保险

36. 刑法的基本原则是指刑法特有的在刑法的立法、解释和适用过程中所必须具有的全局性、根本性的准则，我国刑法明文规定的基本原则有（　　）。

　　A. 罪刑法定原则　　　　B. 疑罪从无原则
　　C. 罪刑相当原则　　　　D. 适用刑法一律平等原则

37. 下列属于我国刑罚体系中的主刑的有（　　）。

　　A. 罚款　　　　　　　　B. 管制
　　C. 拘役　　　　　　　　D. 剥夺政治权利

三、简答题

1. 简述法律的概念。
2. 简述社会主义法律的本质。

3. 简述社会主义法律的作用。
4. 简述我国宪法的基本原则。
5. 简述我国公民的基本权利。
6. 简述我国公民的基本义务。
7. 简述中国特色社会主义法律体系的构成。
8. 简述民法的概念与基本原则。
9. 简述刑法的概念与基本原则。

四、分析题（要求结合所学知识分析材料回答问题）

1. 材料："你们既然用你们资产阶级关于自由、教育、法等等的观念来衡量废除资产阶级所有制的主张，那就请你们不要同我们争论了。你们的观念本身是资产阶级的生产关系和所有制关系的产物，正像你们的法不过是被奉为法律的你们这个阶级的意志一样，而这种意志的内容是由你们这个阶级的物质生活条件决定的。"

（摘自：《共产党宣言》）

结合材料，谈谈法的一般含义和本质？

2. 劳动教养就是劳动、教育和培养，简称劳教。我国劳动教养制度是根据 1957 年 8 月 1 日国务院《关于劳动教养问题的决定》而创立的，其适用对象最初界定为"游手好闲、违反法纪、不务正业的有劳动力的人"，其宗旨是"为了进一步维护公共秩序，有利于社会主义建设"。后来国务院和公安部又分别对劳动教养制度做出了补充规定和试行办法，将适用对象进一步具体化，并扩大到卖淫嫖娼、吸毒成瘾、无理取闹、扰乱社会秩序的人等。劳动教养的对象都是"尚不构成犯罪"的人，性质上是一种行政处罚，执法依据是上述行政法规而不是刑法，因此行政机关无需经过司法诉讼程序，而可以自行决定将劳教对象置于劳教场所，实行最高期限为 4 年的限制人身自由、强迫劳动、思想教育等措施。2013 年 12 月 28 日闭幕的全国人大常委会通过了关于废止有关劳动教养法律规定的决定，这意味着已实施 50 多年的劳教制度被依法废止。劳教废止后，对正在被依法执行劳动教养的人员，解除劳动教养，剩余期限不再执行。

结合材料回答问题：

（1）劳动教养制度与我国现行宪法的哪项原则相悖？可能会侵犯公民的哪项宪法权利？

（2）如果以宪法为依据废止劳动教养制度，体现了宪法的什么特征？

（3）从国家权力和公民权利关系的角度，谈谈废止劳动教养制度的意义？（注：第六章考点）

【答案及解析】

一、单项选择题

1. A【解析】本题考查法律的一般含义，并由此揭示法律与道德的区别。法律是由国家创制并保证实施的行为规范。法律区别于道德规范、宗教规范、风俗习惯、社会礼仪、职业规范等其他社会规范的首要之处在于，它是由国家创制并保证实施的社会规范。故 A 选项正确。法律和道德的内容都是由物质生活条件所决定的，因此 C 选项不能体现两者的区别。社会主流道德也在一定程度上反映了统治阶级的意志，因而 B 选项也非两者首要区别。D 选项能体现出法律与道德在规范形式上的差别，法律是权利义务规范，而道德仅仅是义务规范，但不是首要区别。

2. D【解析】本题考查法的一般含义中决定法律内容的根本因素。ABC 选项的内容虽然在一定程度上对法的内容有影响作用。但是物质资料的生产方式既是决定社会面貌、性质和发展的根本因素，也是决定法律本质、内容和发展方向的根本因素。

3. B【解析】本题考查法律创制的方式。制定或认可是法的两种创制形式，本题考查后者的内涵。CD 选项移植和继承都需要通过前两种方式，才会具有法律效力，因而不属于我国法律的创制方式。

4. D【解析】ABC 选项都是剥削类型的法律，尽管从资本主义法律开始强调形式上的自由与平等，但是只有社会主义公有制基础上的法律，才能实现实质上的自由与平等。

5. D【解析】本题考查我国社会主义法律的本质。从法律所体现的意志来看，我国社会主义法律是工人阶级领导下的广大人民意志的体现。我国社会主义法律既具有鲜明的阶级性，又具有广泛的人民性，体现了阶级性与人民性的统一。ABC选项都不全面，也不准确。

6．B【解析】本题考查法律的五大规范作用中，法律的预测作用的内涵。

7．B【解析】本题考查法律的五大规范作用中，对法律的强制作用的理解应用。法律的强制作用是指法律能运用国家强制力制裁违法和犯罪，保障自己得以实施的作用。法律的强制作用是法的其他作用的保障。

8．D【解析】本题考查法律的社会作用的概念。属于2013版教材新增内容。AB两个选项隶属C选项法律的规范作用。法律的规范作用和法律的社会作用，是法律作用的两个方面的内容。

9．D【解析】本题考查法律的五大规范作用中，对法律的教育作用的理解。法律的指引作用、预测作用、评价作用、强制作用都有一定的教育意义。

10．B【解析】本题考查法律执行的概念。狭义的法律执行仅指行政执法。A选项法律运行包含了BCD三个选项的内容，还包括法律制定。

11．D【解析】本题考查法律运行的四个环节的定位。其中法律制定是法律运行的起始性和关键性环节，法律执行是国家机关最大量和最经常性的工作，法律适用是司法救济。法律遵守才是法律实施和实现的最基本的途径。

12．C【解析】本题考查法律适用的概念。A选项法律运行包含了BCD三个选项的内容，还包括法律制定。

13．C【解析】本题考查宪法的地位和效力。宪法是母法，是根本大法，居于法律体系的核心，具有最高法律效力。ABD选项都是我国重要的法律部门，但其地位和效力，都低于宪法。

14．B【解析】本题考查宪法的特征，具体考查宪法修改在程序上的严格性。在制定和修改程序上，宪法比其他法律更为严格。一方面，制定和修改宪法的机关，往往是依法特别成立的，而并非普通的立法机关。另一方面，通过、批准宪法或者其修正案的程序，往往严于普通法律。例如，我国宪法的修改由全国人民代表大会常务委员会或者1/5以上的全国人民代表大会代表提议，并由全国人民代表大会以全体代表的2/3以上的多数通过，而普通法律则只需要全国人民代表大会以全体代表的过半数通过。

15．B【解析】本题考查我国国体的内涵。A选项为我国的基本经济制度。C选项是我国的基本政治制度，即政体。D选项是我国的政党制度。

16．A【解析】本题考查我国的基本经济制度。全民所有制经济即国有经济，决定着国民经济的命脉和社会主义性质。全民所有制经济和集体所有制经济共同构成了公有制经济。D选项民族经济不是个规范的术语，是干扰项。

17．A【解析】本题考查国体的概念，考生对我国人民民主专政的国体很熟悉，但是对国体本身的概念，却未必熟悉，同理，对于政体的概念，也应该熟记。

18．C【解析】本题从另外一个角度考查政体的概念。人民代表大会制度是中国社会主义民主政治最鲜明的特点，是人民当家做主的重要途径和最高实现形式，是社会主义政治文明的重要制度载体，是我国的根本政治制度。人民代表大会制度是我国的政权组织形式。政权组织形式，又称政体。

19．C【解析】本题逆向思维考查我国宪法规定的人身自由权的内容。人身自由包括狭义和广义两方面。狭义的人身自由主要指公民的身体不受非法侵犯，广义人身自由则还包括与狭义人身自由相关联的人格尊严、住宅不受侵犯、通信自由和通信秘密受法律保护等与公民个人生活有关的权利和自由。

20．C【解析】本题考查公民的概念。公民是指具有一个国家的国籍，并根据该国宪法和法律规定，享受权利和承担义务的自然人。

国籍是区分各国公民的关键。

21．A【解析】宪法在中国特色社会主义法律体系中居于核心位置，具有最高法律效力，一切法律、行政法规、地方性法规的制定必须以宪法为依据，遵循宪法的基本原则，不得与宪法相抵触。宪法是中国特色社会主义法律体系的统帅。在2013版教材中，首次使用统帅这一表述方式。

22．B【解析】本题考查中国特色社会主义法律体系的层次。A选项宪法虽然具有统帅地位，但是并非中国特色社会主义法律体系的主干，全国人大及其常委会制定的法律，才是中国特色社会主义法律体系的主干，而行政法规和地方性法规，是中国特色社会主义法律体系的重要组成部分。

23．C【解析】本题考查法律部门的概念，教材中法律部门的概念是放在法律体系的概念中讲的。A选项法系指的是按照法律传统而区分的大陆法系和英美法系，D选项指的是各个不同类型的法律文件的制定机关。

24．A【解析】本题考查法律体系的概念，解析参见上题。

25．A【解析】本题考查民法的概念，注意民法和商法、经济法等相近法律部门的区分。

26．B【解析】本题逆向思维考查社会法律部门所包含的法律。它包括：《劳动法》《劳动合同法》《工会法》《未成年人保护法》《老年人权益保障法》《妇女权益保障法》《残疾人保障法》《矿山安全法》《红十字会法》《公益事业捐赠法》等。

27．B【解析】本题考查刑法的特点。刑法规定了刑罚作为犯罪制裁措施，这是法律体系中最为严厉的处罚措施，可以剥夺一个人的自由乃至生命。

28．B【解析】本题逆向思维考查法律的渊源，即法的不同制定机关制定的规范性文件的称谓。A选项全国人大及其常委会制定法律；B选项国务院制定行政法规；C选项国务院各部委制定规章；D选项省、自治区、直辖市的人大及其常委会制定地方性法规。

29. C【解析】本题考查我国各程序法的职能。通俗而言，A选项民事诉讼是"民告民"的法律救济制度，B选项仲裁调解是对民事诉讼的补充，C选项行政诉讼是"民告官"的法律救济制度，D选项刑事诉讼是追究犯罪的法律程序。

二、多项选择题

1．ABCD【解析】ABCD选项都属于广义的法律的范畴。但是狭义的法律仅指A选项。

2．AC【解析】本题考查法的一般含义中，对"法律是统治阶级意志的体现"这句话的理解。这句话又非常深刻的内涵。第一，法律所体现的是统治阶级的阶级意志，即统治阶级的整体意志，而不是个别统治者的意志，也不是统治者个人意志的简单相加。第二，统治阶级不仅迫使被统治阶级服从和遵守法律，而且要求统治阶级的成员也遵守法律。第三，法律所体现的统治阶级意志，并不是统治阶级意志的全部，而仅仅是上升为国家意志的那部分意志。

3．ABCD【解析】本题考查法律的一般含义，也是法律的本质。

4．ABCD【解析】本题考查影响法律实施的因素。法律由国家保证实施，法律具有国家强制性。这是法律区别于其他社会规范的重要特征。但是国家强制力并不是保证法律实施的唯一力量。法律意识、道德观念、纪律观念也在保证法律的实施过程中发挥着重要作用。故ABCD全选。

5．BC【解析】A选项原始社会不是阶级社会，没有国家，也没有法律。而D选项共产主义社会还没有到来，而且共产主义社会中，阶级消亡、国家消亡、法律消亡，因此不会存在共产主义法律。故AD选项错误。

6．ABD【解析】奴隶制法律的主要特征有：①具有明显的原始习惯残留痕迹；②否认奴隶的法律人格；③刑罚方式极其残酷；④确认自由民之间的等级划分。ABD正确。C选项肯定人身依附关系，是教材中列举的封建制法律的特征。

7．AB【解析】本题是2013版教材新增内容。教材中列举的封建制法律的基本特征有：①肯定人身依附关系；②封建等级制度；③维护专制王权；④刑罚严酷、野蛮擅断。故 AB 选择正确。C 选项虽然与正确选项比较接近，但是"极其残酷"和"严酷"还是有差别的，CD 选项都是奴隶制法律的基本特征。

8. ABD【解析】大陆法系又称罗马法系、民法法系、法典法系等，是承袭古罗马法律的传统，仿照《法国民法典》和《德国民法典》的样式而建立起来的国家法律制度的总称。C 选项普通法系是英美法系的别称。

9. BCD【解析】本题考查法律的历史发展中资本主义法律的内容。为 2013 版教材新增内容。BCD 均为大陆法系和英美法系的区别。此外，两者还存在"诉讼程序不同"。但无论是大陆法系还是英美法系，都是由资本主义的经济基础所决定的，反映了共同的本质，故 A 选项错误。

10. BCD【解析】英美法系又称英国法系、普通法系和判例法系，是承袭英国中世纪的法律传统而发展起来的各国法律制度的总称。A 选项法典法系，是大陆法系的别称。

11. ABD【解析】社会主义法律制度虽然也保护私人的合法财产，但由于社会主义法律是人类历史上唯一以公有制为基础法律，因此它更多强调的是公有财产神圣不可侵犯。C 选项是资本主义法律的一项原则。

12. BCD【解析】本题考查我国社会主义法律的本质。我国社会主义法律的本质或优越性表现在以下三个方面：第一，从法律所体现的意志来看，我国社会主义法律是工人阶级领导下的广大人民意志的体现。我国社会主义法律既具有鲜明的阶级性，又具有广泛的人民性，体现了阶级性与人民性的统一。第二，从法律的实质内容来看，我国社会主义法律是社会历史发展规律和自然规律的反映，具有鲜明的科学性和先进性。第三，从法律的社会作用来看，我国社会主义法律是中国特色社会主义事业顺利发展，社会主义和谐社会建设的法律保障。A 选项的错误在于"不再强调阶级性"。法是统治阶级意志的体现，不可能忽视阶级性。只不过在社会主义条件下体现了阶级性与人民性的统一。

13. ABCD【解析】本题考查法律的五大规范作用，即：指引作用、预测作用、评价作用、强制作用、教育作用。

14. ABC【解析】本题考查法律的规范作用。法律的指引作用的实现形式：法律的指引作用主要是通过授权性规范、禁止性规范和义务性规范三种规范形式实现的。与之相应的指引形式分别为授权性指引、禁止性指引和义务性指引。D 选项惩戒规范是干扰项，法律的惩戒功能包含在禁止性规范和义务性规范中，体现的是法律的强制作用。

15. CD【解析】本题考查法律规范中指引作用的具体内容和对其的理解。柏拉图的前半句话，说明了法律的正能量，即对一般人的教育作用，故选项 C 正确。柏拉图的后半句话，说明了法律对违法者的强制作用，故选项 D 正确。选项 A 保障作用，表述不规范，不在法律的五大规范作用之列，法律的保障作用可以在法律的社会作用中体现出来，而不是规范作用。选项 B 预测作用，反映的是对他人行为的法律后果的预测，也是法律的规范作用之一，但是在柏拉图的话里面，没有表达这个层面的意思，因此不选。

16. ABCD【解析】本题考查法律的社会作用的概念。属于 2013 版教材新增内容。ABCD 选项即我国社会主义法律的社会作用的四个方面的内容，本题根据正统性判断，也知道四个选项的表述都是正确的。

17. ABCD【解析】本题考查法律运行的四个环节。选项列出了法律运行的四个环节。容易漏选的是 AB 选项。

18. ABC【解析】本题考查我国宪法的三大特征。宪法作为国家的根本大法，具有自己鲜明的特征。具体表现在三个方面：

第一，在内容上，宪法规定国家生活中最根本最重要的方面。诸如国家的性质、国家的政权组织形式和国家的结构形式、国家的基本国策、公民的基本权利和义务、国家机构的组织及其职权等，都在宪法中作了明确规定。这些规定不仅反映了我国政治、经济、文化和社会生活等各方面的主要内容及其发展方向，而且从社会制度和国家制度的根本原则上规范着整个国家的活动。

第二，在效力上，宪法的法律效力最高。宪法的最高法律效力既体现为宪法是制定普通法律的依据，任何普通法律、法规都不得与宪法的原则和精神相违背，又体现为宪法是一切国家机关、社会团体和全体公民必须遵循的最高行为准则。

第三，在制定和修改程序上，宪法比其他法律更为严格。一方面，制定和修改宪法的机关，往往是依法特别成立的，而并非普通的立法机关。另一方面，通过、批准宪法或者其修正案的程序，往往严于普通法律。例如，我国宪法的修改由全国人民代表大会常务委员会或者1/5以上的全国人民代表大会代表提议，并由全国人民代表大会以全体代表的2/3以上的多数通过，而普通法律则只需要全国人民代表大会以全体代表的过半数通过。

由此可见 ABC 选项正确。宪法虽然是根本大法，具有最高的法律效力，但是基于宪法的抽象性特征，却不适应直接在司法中引用。而是由立法机关根据抽象的宪法条文和原则，制定具体的法律，然后在司法实践中适用这些具体的法律，就间接实现了宪法的精神，因此 D 选项错误。

19. AD【解析】本题考查我国宪法制定和修改的程序。解析参见上题。B 国家主席是国家元首，代表国家从事国事活动。C 国务院是最高国家行政机关，BC 选项都不是提起宪法修改的主体。

20. ABCD【解析】本题考查我国宪法的五大原则。这五大原则分别是：

第一，党的领导原则。中国共产党是中国特色社会主义事业的领导核心，党的领导是人民当家做主的根本保证。

第二，人民主权原则。人民主权是指国家中绝大多数人拥有国家的最高权力。人民当家做主是社会主义民主政治的本质和核心。

第三，公民权利原则。以宪法和法律保障公民基本权利，是社会主义民主与法制发展的重要标志。我国宪法明确规定:"国家尊重和保障人权。"并规定公民享有广泛的权利与自由。

第四,法治原则。我国宪法明确规定实行依法治国,建设社会主义法治国家。依法治国的根本要求是"有法可依、有法必依、执法必严、违法必究"。

第五,民主集中制原则。中华人民共和国的国家机构实行民主集中制的原则。国家权力统一由全国人民代表大会和地方各级人民代表大会行使。

故 ABCD 选项全选。

21. ABCD【解析】本题考查我国宪法规定的国家制度。国家制度是一个国家的统治阶级通过宪法、法律规定的有关国家性质和国家形式方面的制度的总称。它不仅体现国家政权特定的阶级本质,而且为国家政权的运转、国家职能的实现提供保障。我国的国家制度主要包括人民民主专政制度、人民代表大会制度、中国共产党领导的多党合作和政治协商制度、民族区域自治制度、基层群众自治制度和基本经济制度等。故 ABCD 选项全选。

22. ABCD【解析】本题考查我国的政党制度。中国共产党领导的多党合作和政治协商制度是我国的一项基本政治制度,是中国特色社会主义政党制度。中国社会主义政党制度的特点是共产党领导、多党派合作,共产党执政、多党派参政。本题 D 选项容易漏。因为很多人认为各民主党派是"议政不参政"。其实议政本身就是一种参政形式。正确的理解应当是"参政不执政"。

23. ABCD【解析】本题考查我国宪法规定的公民的基本权利。包括:平等权,政治权利和自由,宗教信仰自由,人身自由权,批评、建议、申诉、控告、检举权和取得国家赔偿权,社会经济权,文化教育权,特定主体权利。本题的 BCD 选项都属于我国宪法规定的社会经济权利。

24. BD【解析】政治权利和自由包含政治权利和政治自由。其中政治权利包括选举权和被选举权。政治自由包括言论、出版、集会、结社、游行、示威的自由。选项 D 很直观地在题干中就出现了,很容易选择出。选项 B 正确,也比较直观。选项 A 这个词是从"人身自由权"中改造出来的,因为如果不改造的话,过于直观,但是改造后,却又容易出现歧义,从命题本意上选项 A 指的是人身自由权,是与政治权利和自由并列的一项权利,而非从属关系。在知识上容易混淆的选项是 C,很多考生容易误将宗教信仰自由,作为政治权利和自由的下位概念,其实两者是同位阶的概念,故不选。

25. ABCD【解析】本题考查对人身自由权的理解。人身自由包括狭义和广义两方面。狭义的人身自由主要指公民的身体不受非法侵犯,广义的人身自由则还包括与狭义人身自由相关联的人格尊严、住宅不受侵犯、通信自由和通信秘密受法律保护等与公民个人生活有关的权利和自由。A 选项属于狭义的人身自由权。BCD 选项属于广义的人身自由权。

26. ABC【解析】本题考查社会经济权利的内容。我国宪法规定,社会经济权利包括:财产权、劳动权、休息权、物质帮助权。D 选项属于文化教育权的内容。

27. AB【解析】本题考查劳动权和受教育权。我国宪法规定的既是权利又是义务的,只有 AB 两项。CD 选项仅仅是权利,而不是义务。

28. ABCD【解析】本题考查宪法规定的公民的基本义务。根据我国宪法的规定,我国公民的基本义务主要包括以下内容:①维护国家统一和全国各民族团结。②遵守宪法和法律。③维护祖国的安全、荣誉和利益。④保卫祖国、依法服兵役和参加民兵组织。⑤依法纳税。⑥其他义务,如夫妻双方有实行计划生育的义务,父母有抚养教育未成年子女的义务,成年子女有赡养扶助父母的义务。故 ABCD 全选。

29. ABC【解析】本题考查中国特色社会主义法律体系形成的重大意义。属于 2013 版教材新增内容。ABC 三个选项,根据正统性判断即可知为正确选项。D 选项具有很大迷惑性,考生要注意,在强调

"中国特色社会主义"的语境下,不宜再单独出现对西方发达国家的吸收与转化这样的词汇。当出现"接轨""借鉴"这样的词汇时,多是提倡中国道路、中国模式、中国信心。

30.ABCD【解析】本题考查中国特色社会主义法律体系的特征。属于2013版教材新增内容。ABCD四个选项皆为官方教材正统表述,在官方教材中,一共列举了五大特征,另外一项是"体现中国特色社会主义的本质要求"。本题最易出错的是C选项,参见上题解析,一般而言,不应单纯出现"借鉴西方发达国家经验"之类的词汇,应该和立足国情结合起来,同时借鉴"人类文明"而不是"西方发达国家的经验"。

31.AB【解析】本题考查法律的制定机关。只有全国人大及其常委会才享有国家立法权,其制定的规范性文件才能叫法律,C选项国务院制定的规范性文件叫行政法规,D选项国务院各部委可以制定部门规章。

32.ABCD【解析】本题考查民法的基本原则。2013版教材中的表述与旧版教材略有不同,而且删除了旧版教材中"禁止权利滥用原则"。

33.ABC【解析】2013版教材中新增了商法的原则,即ABC三个选项。D选项为行政法的原则。

34.ABCD【解析】本题考查行政法的原则。在旧版教材中,行政法的原则是依法行政原则,可拆分为行政合法性原则和行政合理性原则。而在2013版教材中,将之修改表述为ABCD四个选项的内容。

35.ABCD【解析】本题考查我国社会法中的五项基本保险制度。为2013版教材新增内容。除了ABCD四个选项的保险之外,还有失业保险。

36.ACD【解析】选项ACD是我国刑法明文规定的三大基本原则,均为正确答案。选项B"疑罪从无原则"是我国刑事诉讼法的一项原则。刑法属于实体法,刑事诉讼法属于程序法,两者不能混为一谈，故选项 B 不符合题意。

37. BC【解析】本题考查我国刑法中主刑的种类。主刑指对犯罪分子独立适用的主要刑罚方法，包括管制、拘役、有期徒刑、无期徒刑与死刑。A 选项为行政处罚方法，D 选项为附加刑。我国的附加刑还包括罚金和没收财产。

三、简答题答案要点

1. 法律是由国家制定或认可并依靠国家强制力保证实施的，反映由特定社会物质生活条件所决定的统治阶级意志，规定权利和义务，以确认、保护和发展有利于统治阶级的社会关系和社会秩序为目的的行为规范体系。

2. 我国社会主义法律从本质上看，体现了广大人民的意志，具有鲜明的科学性和先进性。

（1）从法律所体现的意志来看，我国社会主义法律是工人阶级领导下的广大人民意志的体现。

（2）从法律的实质内容来看，我国社会主义法律是社会历史发展规律和自然规律的反映，具有鲜明的科学性和先进性。

3. 法律的作用是指法律对人的行为和社会关系所产生的影响和实效。我国社会主义法律除了具有规范作用外，还具有确立和维护社会主义制度的社会作用。根据法律的规范作用的指向和侧重，可以将社会主义法律的规范作用分为指引作用、预测作用、评价作用、强制作用和教育作用。社会主义法律的社会作用是其阶级本质和经济基础的集中体现，对于确立和维护社会主义的国家制度、经济制度、社会秩序以及推动社会改革与进步都具有重要的作用。

4. （1）党的领导原则。

（2）人民主权原则。

（3）人权保障原则。

（4）法治原则。

（5）民主集中制原则。

5.（1）平等权。（2）政治权利和自由。（3）宗教信仰自由。（4）人身自由权。（5）监督权和取得国家赔偿权。（6）社会经济权。（7）文化教育权。（8）特定主体权利。

6.（1）维护国家统一和全国各民族团结。

（2）遵守宪法和法律。

（3）维护祖国的安全、荣誉和利益。

（4）保卫祖国、依法服兵役和参加民兵组织。

（5）依法纳税。

（6）其他义务。

7. 中国特色社会主义法律体系，是以宪法为统帅，以法律为主干，以行政法规、地方性法规为重要组成部分，由宪法相关法、民法商法、行政法、经济法、社会法、刑法、诉讼与非诉讼程序法等多个法律部门组成的有机统一整体。

8. 民法是调整平等主体的公民之间、法人之间、公民和法人之间的财产关系和人身关系的法律规范，遵循民事主体地位平等、意思自治、公平、诚实信用等基本原则。

9. 刑法是规定犯罪与刑罚的法律规范。它通过规范国家的刑罚权，惩罚犯罪，保护人民，维护社会秩序和公共安全，保障国家安全。我国刑法确立了罪刑法定、法律面前人人平等、罪刑相适应等基本原则。

四、分析题答案要点

1.（1）法律是由国家创制并保证实施的行为规范。法律具有国家强制性。这种强制性，既表现为国家对违法行为的否定和制裁，也表现为国家对合法行为的肯定和保护。

（2）法律是统治阶级意志的体现。这一命题包含着丰富的内容。

首先，法律所体现的是统治阶级的阶级意志，即统治阶级的整体意志，而不是个别统治者的意志，也不是统治者个人意志的简单相加。

其次，统治阶级不仅迫使被统治阶级服从和遵守法律，而且要求统治阶级的成员也遵守法律。

最后，法律所体现的统治阶级意志，并不是统治阶级意志的全部，而仅仅是上升为国家意志的那部分意志。统治阶级的意志还体现在国家政策、统治阶级的道德、最高统治者的言论等形式之中。

（3）法律由社会物质生活条件决定。物质资料的生产方式是决定法律本质、内容和发展方向的根本因素。生产方式包括生产力与生产关系两个方面，对法律产生决定性的影响。

2.（1）劳动教养制度与我国现行宪法中的人权保障原则相悖。以宪法和法律保障公民基本权利，是社会主义民主与法制发展的重要标志。宪法确认和保护的公民权利也就是人权保障在国家根本法中的体现。我国宪法规定"国家尊重和保障人权"，并规定公民享有广泛的权利与自由，包括公民有参与国家政治生活的权利和自由、公民的人身自由和信仰自由、公民社会经济文化方面的权利等。劳动教养制度，可能会侵犯公民的人身自由权，人身自由包括狭义和广义两方面。狭义的人身自由主要指公民的身体不受非法侵犯，广义的人身自由则还包括与狭义人身自由相关联的人格尊严、住宅不受侵犯，通信自由和通信秘密受法律保护等与公民个人生活有关的权利和自由。人身自由是公民具体参加各种社会活动和实际享受其他权利的前提，也是保持和发展公民个性的必要条件。非经法律规定和法定程序，不得任意剥夺公民的人身自由。

（2）如果以宪法为依据废止劳动教养制度，体现了宪法具有最高的法律效力。一切法律、行政法规、地方性法规的制定都必须以宪法为依据，遵循宪法的基本原则，不得与宪法相抵触。劳动教养制度，作为由一系列行政法规确立的制度，与宪法的内容、原则和精神相抵触，应该被撤销。

（3）国家权力与公民权利之间的关系主要表现为四个方面：

第一，权力来源于权利。在民主和法治的国度，国家的一切权力来源于人民，国家机构的权力是由人民赋予的。

第二，权力服务于权利。设立国家权力的目的，在于为人民服务、为权利服务。

第三，权力应当以权利为界限。国家权力不得随意侵入权利主体的自治空间，不得随意干预权利主体的行动自由。这意味着，权利为权力的行使设定不可逾越的界限。

第四，权力必须受到权利的制约。公民的权利就是国家的义务，公民通过行使知情权、参与权、表达权、监督权等政治权利，对国家机构及其公务人员行使权力进行监督和控制，以防止国家权力的滥用和异化。

劳动教养制度，在一定程度和意义上体现了国家权力对公民权利的侵蚀或剥夺，在实践中一旦被滥用，将背离权力设立的初衷，而且容易突破权力的界限，不能得到有效的制约，不能充分体现对公民权利的保障。废除劳动教养制度，理顺了国家权力服务和受限于公民权利的关系，体现了"国家尊重和保障人权"的决心，体现了法治的文明与进步，在我国法制建设的进程中，具有里程碑式的意义。

第六章　树立法治理念　维护法律权威

【体系框架】

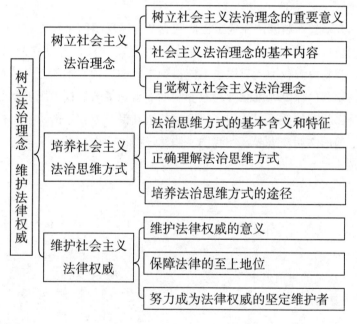

【要点】

第一节　树立社会主义法治理念

法治理念是理性化的法治观念，是指导人们进行法治实践的思想基础、基本原则和价值追求。

一、树立社会主义法治理念的重要意义

1. 定位：社会主义法治理念是我国社会主义法治建设的思想观念体系，反映了社会主义法治的性质、功能、目标方向、价值取向和实现途径，是社会主义法治的核心和精髓，是我国立法、执法、司法、守法和法律监督的指导思想。

2. 特征：社会主义法治理念具有鲜明的政治性、彻底的人民性、系统的科学性、充分的开放性四个基本特征。

3. 意义：社会主义法治理念科学地回答了"什么是社会主义法治国家"和"怎样建设社会主义法治国家"这一重大理论和实践问题，标志着中国共产党对建设社会主义法治国家的规律有了更加深刻的认识和把握，丰富和充实了中国特色社会主义理论体系的内容。其重大意义在于：

（1）有利于促进正确法治观念的形成。

（2）有利于理解法律的内在精神。

（3）有利于养成依法办事的行为习惯。

二、社会主义法治理念的基本内容

社会主义法治理念包括依法治国、执法为民、公平正义、服务大局、党的领导等五个方面的基本内容。其中，依法治国是社会主义法治的核心内容，执法为民是社会主义法治的本质要求，公平正义是社会主义法治的价值追求，服务大局是社会主义法治的重要使命，党的领导是社会主义法治的根本保证。

1. 依法治国。依法治国是社会主义法治的核心内容，是党领导人民治理国家的基本方略。依法治国主要包括四项基本要求：科学立法、严格执法、公正司法、全民守法。

2. 执法为民。执法为民是社会主义法治的本质要求，是人民当家做主的社会主义国家性质在法治上的必然反映。执法为民，包括三项基本要求：以人为本、尊重和保障人权、文明执法。

3. 公平正义。公平正义是社会主义法治建设的根本价值追求，也

是中国特色社会主义的内在要求。公平正义，主要包括两个方面的基本要求。

（1）坚持立法公正和执法公正并重。

①立法公正是执法公正的前提，主要表现为：

A．立法机关按照民主的程序制定法律，充分听取和吸收人民群众的意见。

B．法律充分反映人民的利益和意志，充分体现社会的公正原则和标准。

②执法公正是立法公正得以实现的重要保障，主要表现为：

A．坚持合法合理原则，保证一切执法活动符合法律规定，符合社会公理。

B．坚持及时高效的原则，保证所有法律纠纷能得到及时公正的处理。

C．坚持程序公正的原则，以人们看得见的方式实现公正，使执法过程变为人们感受民主、客观、公平的过程。

（2）坚持实体公正和程序公正并重。

①实体公正，事关法律权利、义务、责任的设定和分配的结果是否正当合理。

②程序公正，事关法律权利、义务、责任的设定和裁判的过程或程序是否正当合理。

③实体公正与程序公正密切联系、相互制约，实体公正是程序公正追求的目标，程序公正是实体公正的保障。

4．服务大局。服务大局是社会主义法治的重要使命，是由建设中国特色社会主义的根本任务所决定的。

5．党的领导。党的领导是我国宪法确定的基本原则，是实现社会主义法治的根本保证和强大推动力量。党领导人民制定法律，党也要领导人民执行法律，同时党也要在宪法和法律范围内活动。党对社会主义法治的领导主要是思想领导、政治领导和组织领导。

社会主义法治理念的五个方面是相辅相成、不可分割的整体，体现了党的领导、人民当家做主、依法治国的有机统一，体现了党的事业至上、人民利益至上、宪法法律至上。

二、自觉树立社会主义法治理念

自觉树立社会主义法治理念，应认识和把握好以下几个方面的关系。

1. 社会主义法治理念与中国传统法律思想的关系。中国传统法律思想既是社会主义法治理念产生的文化背景和历史土壤，又为社会主义法治理念提供了思想元素和文化资源。但是，社会主义法治理念并不是中国传统法律思想的直接延续，而是对中国传统法律思想的批判吸收。

2. 社会主义法治理念与资本主义法治思想的关系。在借鉴资本主义法治思想的某些合理因素的同时，要清醒地认清社会主义法治理念与资本主义法治思想的根本区别，认清资本主义法治思想的实质，有力抵御其中错误思想观点的侵蚀。

3. 党的领导与依法治国的关系。党的领导与依法治国是有机统一的关系。

一方面，依法治国是党领导人民治理国家的基本方略，坚持党的领导是社会主义法治的根本保证；另一方面，依法执政是党执政的基本方式，党领导人民制定宪法和法律，又必须自觉遵守宪法和法律，带头维护宪法和法律的权威。

4. 服务大局与依法治国的关系。服务大局与依法治国是统一的。但是，服务大局不是不按照法律办事，而是运用法律的手段服务大局，按照法治的方式服务大局。依法正确履行职责是执法机关和执法人员服务大局的基本要求。

第二节 培养社会主义法治思维方式

一、法治思维方式的基本含义和特征

1. 含义：法治思维方式是指人们按照法治的理念、原则和标准判断、分析和处理问题的理性思维方式。法治思维方式与人治思维方式有着根本的区别。法治思维方式是一种逻辑的、理性的思维方式，而人治思维方式判断、分析和处理问题的基点是个体的人或少数人的感性，具有任意性和个体性或具体性。

2. 基本特征：

（1）法律至上。法律的至上性，具体表现为法律的普遍适用性、优先适用性和不可违抗性。

（2）权力制约。权力制约原则可以概括为职权由法定、有权必有责、用权受监督、违法受追究四项要求。

（3）人权保障。人权的法律保障包括宪法保障、立法保障、行政保护和司法救济。宪法保障是人权保障的前提和基础。立法保障是人权保障的重要条件。司法救济是人权保障的最后防线。

（4）正当程序。程序具有独立的价值和意义，程序问题与实体问题同等重要。人们应当通过正当程序追求实体公正的结果。只有按照正当程序处理问题，处理结果才具有公信力和权威性。违反正当程序处理问题，往往会导致实体不公正的处理结果。正当程序具有中立性、参与性、公开性、时限性等基本特征。

二、正确理解法治思维方式

培养法治思维方式，增强法治意识，养成依法办事的习惯，要正确认识和把握社会主义民主与法治、权利与权力、权利与义务、自由与平等、实体与程序的关系。

1. 民主与法治的关系。社会主义民主与社会主义法治之间存在着密切关系。

一方面，社会主义民主是社会主义法治的基础，决定着社会主义法治的性质和内容。另一方面，社会主义法治是社会主义民主的保障，是社会主义民主的重要实现途径。

2. 权利与权力的关系。权利与权力之间的关系主要表现为四个方面：

（1）权力来源于权利。

（2）权力服务于权利。

（3）权力应当以权利为界限。

（4）权力必须受到权利的制约。

3. 权利与义务的关系。法律权利和法律义务之间的关系可以概括为以下三方面：

（1）结构上的相关关系。

（2）总量上的等值关系。

（3）功能上的互补关系。

4. 自由与平等的关系。

（1）法律上的自由观念最为核心的内容是依法享有和行使自由的观念。每个公民既善于行使和运用宪法、法律所赋予的自由权，充分表达和实现个人的意愿与追求，又要严格依照宪法、法律所规定的各种制度和程序行使自由权，不得超越法定的范围和界限。

（2）法律上的平等观念最为核心的是法律面前人人平等的观念。法律面前人人平等，要求所有公民都必须平等地遵守法律，依照法律规定平等地享有和行使法律权利，平等地承担和履行法律义务。任何公民的违法犯罪行为都平等地受到法律追究和制裁。

5. 实体与程序的关系。在对待二者的关系问题上，中国传统的错误观念是"重实体、轻程序"。在法治实践中，实体和程序的关系主要表现为两方面：

（1）实体法和程序法的关系。实体法是规定社会主体的权利（职权）、义务（职责）、责任的法，如民法、刑法、行政法等。程序法是保障社会主体的权利（职权）、义务（职责）、责任得以履行或实现的法，如民事诉讼法、刑事诉讼法、行政诉讼法等。实体法和程序法既相辅相成、不可分离，又相互包容。

（2）实体公正和程序公正的关系。实体公正和程序公正是法律公正两个不可偏废的方面。

三、培养法治思维方式的途径

可以通过学习法律知识、掌握法律方法、参与法治实践等途径，在日常生活中逐渐形成思考、分析、解决法律问题的法治思维方式。

第三节 维护社会主义法律权威

一、维护法律权威的意义

法律权威是指法律的不可违抗性。法律权威的树立主要依靠法律的外在强制力和内在说服力。法律的外在强制力是法律权威的外在条件，主要表现为国家对违法行为的制裁。法律的内在说服力是法律权威的内在基础。法律的内在说服力既来源于法律本身的内在合理性，如法律合乎情理、维护正义、促进效率、通俗易懂，也来源于法律实施过程的合理性，如执法公平、司法公正。

树立和维护法律权威，是社会主义法治理念和法治思维的核心要求，是建设社会主义民主政治和法治国家的前提条件。对于建设社会主义法治国家、实现国家的长治久安具有非常重要的意义。

二、保障法律的至上地位

保障法律的至上地位的途径：
1. 推进依法执政。
2. 提高立法质量。
3. 严格规范公正执法。
4. 提升司法公信力。
5. 深入开展法制宣传教育。

三、努力成为法律权威的坚定维护者

对于公民个人而言，努力成为法律权威的坚定维护者。对于大学生来说，至少应做到以下三个方面。

1. 树立法律信仰。
2. 引导他人尊重法律权威。
3. 敢于同各种违法犯罪行为作斗争。

【试题】

一、单项选择题

1. 指导人们进行法治实践的思想基础、基本原则和价值追求的，被理性化的法治观念是（   ）。

    A. 法治理念   B. 法治思维
    C. 法律意识   D. 法律文化

2. 下列选项反映和指引着社会主义法治的性质、功能、目标方向、价值取向和实现途径，属于社会主义法治的精髓和灵魂，也属于立法、执法、司法、守法和法律监督的指导思想的是（   ）。

    A. 人民当家做主   B. 社会主义法治理念
    C. 社会主义法律思维 D. 社会主义法律文化

3. 社会主义法律理念包括丰富的内容，其中体现了中国特色社会主义法律体系的核心要义的是（   ）。

    A. 依法治国   B. 执法为民
    C. 公平正义   D. 服务大局

4. 下列选项中，属于社会主义法治的核心内容的是（   ）。

    A. 依法治国   B. 执法为民
    C. 服务大局   D. 党的领导

5. 下列选项中，属于社会主义法治的本质要求的是（   ）。

    A. 依法治国   B. 执法为民
    C. 服务大局   D. 党的领导

6. 下列选项中，属于社会主义法治的价值追求的，也是中国特色社会主义的内在要求的是（   ）。

    A. 依法治国   B. 执法为民
    C. 公平正义   D. 服务大局

7. 下列选项中，属于社会主义法治的重要使命的是（　　）。
　　A．依法治国　　　　　　　B．执法为民
　　C．公平正义　　　　　　　D．服务大局
8. 下列选项中，属于社会主义法治的根本保证的是（　　）。
　　A．执法为民　　　　　　　B．公平正义
　　C．服务大局　　　　　　　D．党的领导
9. 人们按照法治的理念、原则和标准判断、分析和处理问题的理性思维方式，称为（　　）。
　　A．法治理念　　　　　　　B．法治思维
　　C．法律意识　　　　　　　D．法律文化
10. 规定社会主体的权利（职权）、义务（职责）、责任的法，在理论归类上被成为（　　）。
　　A．程序法　　B．实体法　　C．普通法　　D．衡平法
11. 保障社会主体的权利（职权）、义务（职责）、责任得以履行或实现的法，在理论归类上被成为（　　）。
　　A．普通法　　B．衡平法　　C．实体法　　D．程序法
12. 所有国家机关、社会组织和公民个人都必须遵守法律，依法享有和行使法定职权与权利，承担和履行法定职责与义务。这集中体现了（　　）。
　　A．法律的普遍适用性　　　B．法律的优先适用性
　　C．法律的不可违抗性　　　D．法律的国家意志性
13. 任何人都不允许违反法律，违反法律就要受到法律的惩罚。不管涉及什么人，不论权力大小、职位高低，只要有违法犯罪行为，就要依法追究和承担法律责任。这集中体现了（　　）。
　　A．法律的普遍适用性　　　B．法律的优先适用性
　　C．法律的不可违抗性　　　D．法律的国家意志性
14. 人权的法律保障包括多个层面，其中作为人权保障的前提和基础的是（　　）。
　　A．宪法保障　　　　　　　B．立法保障
　　C．行政保护　　　　　　　D．司法救济

15. 人权的法律保障包括多个层面，其中作为人权保障的最后防线的是（　　）。
A. 宪法保障　　　　　　B. 立法保障
C. 行政保护　　　　　　D. 司法救济

16. 在对待实体与程序的关系问题上，中国传统的观念是（　　）。
A. 重程序，轻实体　　　B. 重实体，轻程序
C. 重实体，重程序　　　D. 轻实体，轻程序

17. 在对待实体与程序的关系问题上，正确的观念是（　　）。
A. 重程序，轻实体　　　B. 重实体，轻程序
C. 重实体，重程序　　　D. 轻实体，轻程序

二、多项选择题

1. 下列选项，属于我国社会主义法治理念的基本特征的有（　　）。
A. 鲜明的政治性　　　　B. 彻底的人民性
C. 系统的科学性　　　　D. 充分的开放性

2. 社会主义法治理念包括丰富的内容，下列选项属于社会主义法治理念的基本内容的有（　　）。
A. 依法治国　　　　　　B. 执法为民
C. 公平正义　　　　　　D. 党的领导

3. 依法治国，就是以宪法和法律作为党领导人民治理国家的基本方式。下列选项，属于依法治国的基本要求的有（　　）。
A. 科学立法　　　　　　B. 严格执法
C. 公正司法　　　　　　D. 全民守法

4. 执法为民是社会主义法治的本质要求，是人民当家做主的社会主义国家性质在法治上的必要反映。下列选项属于执法为民的基本要求的有（　　）。
A. 以人为本，尊重人民群众的法律主体地位，坚持以维护广大人民群众的根本利益为出发点

B. 尊重和保障人权，切实维护公民的各项合法权利

C. 文明执法，多运用说服教育，调解疏导等手段，克服执法的简单化、粗糙化、暴力化倾向，保持良好的社会形象

D. 以服务大局为目标方向，具体工作要以服务大局为基本准则，工作成效要以服务大局为检验标准

5. 下列属于法律公正观念内涵的有（　　）。

A. 立法公正　　　　　　B. 执法公正
C. 实体公正　　　　　　D. 程序公正

6. 下列能够体现执法公正要求的有（　　）。

A. 坚持合法合理原则

B. 坚持及时高效原则

C. 坚持实体公正优于程序公正

D. 坚持程序公正优于实体公正

7. 党的领导是我国宪法确定的基本原则，是实现社会主义法治的根本保证和强大推动力量。党对社会主义法治的领导主要体现在（　　）。

A. 思想领导　　　　　　B. 政治领导
C. 行政领导　　　　　　D. 组织领导

8. 社会主义法治理念的五个方面是相辅相成、不可分割的整体，体现了（　　）。

A. 党的事业至上

B. 人民利益至上

C. 宪法法律至上

D. 党的领导、人民当家做主、依法治国的有机统一

9. 关于社会主义法治理念与中国传统法律思想的关系，表述正确的有（　　）。

A. 中国传统法律思想是社会主义法治理念产生的文化背景和历史土壤

B. 中国传统法律思想为社会主义法治理念提供了思想元素和文化资源

C. 社会主义法治理念是中国传统法律思想的直接延续

D. 中国传统法律思想所包含的诸多进步思想已融入社会主义法治理念之中，使社会主义法治理念呈现出民族特色

10. 党的领导与依法治国是有机统一的关系，下列对于党的领导和依法治国的表述正确的有（　　）。

A. 依法治国是党领导人民治理国家的基本方略

B. 坚持党的领导是社会主义法治的根本保证

C. 依法执政是党执政的基本方式

D. 党必须在宪法和法律范围内活动

11. 下列选项，属于法治思维的基本特征的有（　　）。

A. 法律至上　　　　　　　B. 权力制约

C. 人权保障　　　　　　　D. 正当程序

12. 治国理政必须奉守法律至上原则。法律的至上性，具体表现为（　　）。

A. 法律的普遍适用性　　　B. 法律的优先适用性

C. 法律的不可违抗性　　　D. 法律不可违背党的意志

13. 国家权力是人民所赋予的（权为民所赋），应为人民而行使（权为民所用），因此权力运行必须受到有效制约和监督。权力制约原则可以概括为（　　）。

A. 职权由法定　　　　　　B. 有权必有责

C. 用权受监督　　　　　　D. 违法受追究

14. 法律的重要使命就是充分尊重和保障人权，不得以任何借口侵犯人权。人权的法律保障包括（　　）。

A. 宪法保障　　　　　　　B. 立法保障

C. 行政保护　　　　　　　D. 司法救济

15. 程序具有独立的价值和意义，只有按照正当程序处理问题，处理结果才具有公信力和权威性。下列选项属于正当程序的基本特征的有（　　）。

A. 中立性　　B. 参与性　　C. 公开性　　D. 时限性

16. 下列关于民主与法治的关系，表述正确的有（　　）。

A. 社会主义民主是社会主义法治的基础

B. 社会主义法治决定着社会主义民主的性质和内容

C. 社会主义法治是社会主义民主的保障

D. 社会主义法治是社会主义民主的重要实现途径

17. 如何理解权利和权力的关系，既是民主政治建设中的重大问题，也是法治建设中的重大问题，下列关于两者关系的理解，表述正确的有（　　）。

A. 权力来源于权利　　　　B. 权力服务于权利

C. 权力应当以权利为界限　D. 权力必须受到权利的制约

18. 下列关于法律权利与法律义务的关系表述正确的有（　　）。

A. 结构上的相关关系　　　B. 总量上的等值关系

C. 功能上的互补关系　　　D. 内容上的同一关系

19. 下列选项属于"法律面前人人平等观念"内涵的有（　　）。

A. 公民在立法上一律平等

B. 公民在守法上一律平等

C. 公民在执行法律上一律平等

D. 公民在适用法律上一律平等

20. 实体法和程序法是法律体系两部分不可或缺的内容。下列选项属于实体法的有（　　）。

A. 仲裁法　　B. 民法　　C. 刑法　　D. 行政法

21. 实体法和程序法是法律体系两部分不可或缺的内容。下列选项属于程序法的有（　　）。

A. 仲裁法　　　　　　　　B. 民事诉讼法

C. 刑事诉讼法　　　　　　D. 行政诉讼法

22. 下列属于培养法律思维的途径有（　　）。

A. 学习法律知识　　　　　B. 掌握法律方法

C. 参与法律实践　　　　　D. 从事法律职业

23. 法律权威的树立，依赖于（　　）。

A. 对违法行为的制裁　　　　B. 法律合乎情理
C. 执法公平　　　　　　　　D. 司法公正

24. 执政党和国家机关不仅要严格遵守法律的规定，更要带头维护法律的权威，切实保障法律的至上地位，具体举措包括（　　）。

A. 推进依法执政　　　　　　B. 提高立法质量
C. 严格规范公正执法　　　　D. 提升司法公信力

25. 从个人角度来说，自觉维护法律权威的表现有（　　）。

A. 树立法律信仰　　　　　　B. 引导他人尊重法律权威
C. 从事法律职业　　　　　　D. 敢于同违法犯罪行为作斗争

三、简答题

1. 简述社会主义法治理念的基本内容。
2. 简述法治思维方式的基本含义和特征。
3. 简述民主与法治的关系。
4. 如果理解法律上的平等观念？
5. 如何树立法律权威？

四、分析题（要求结合所学知识分析材料回答问题）

1. 2013年6月3日，网上一条某市城管2013年5月31日下午"暴力执法"的视频引发网友热议，视频中一群穿城管制服的人与自行车店工作人员及骑友发生肢体冲突，一男子遭城管群殴被打倒在地，但一名较胖城管并未就此罢休，双腿跳起重重地踩向该男子头部，致其脸上胳膊上都是血。一辆警车经过，但并未下车察看，也引发不少网友质疑。该市城管局党委就此事召开专门会议通报称，涉嫌暴力执法的8名城管已被停职接受调查，其中"踩头"城管为临时聘用人员，即临时工。

结合材料回答问题：

（1）公平正义是社会主义法治理念的主要内容，材料中的行为违反了什么样的公正要求？该公正要求需要遵循哪些具体原则？

（2）城管执法代表国家权力，公民依据宪法享有公民权利"国家权力"和"公民权利"的关系应该如何理解？

2. 材料一：全面贯彻实施宪法，是建设社会主义法治国家的首要任务和基础性工作。宪法是国家的根本法，是治国安邦的总章程，具有最高的法律地位、法律权威、法律效力，具有根本性、全局性、稳定性、长期性。全国各族人民、一切国家机关和武装力量、各政党和各社会团体、各企业事业组织，都必须以宪法为根本的活动准则，并且负有维护宪法尊严、保证宪法实施的职责。任何组织或者个人，都不得有超越宪法和法律的特权。一切违反宪法和法律的行为，都必须予以追究。

材料二：坚持党的领导，更加注重改进党的领导方式和执政方式。依法治国，首先是依宪治国；依法执政，关键是依宪执政。新形势下，我们党要履行好执政兴国的重大职责，必须依据党章从严治党、依据宪法治国理政。党领导人民制定宪法和法律，党领导人民执行宪法和法律，党自身必须在宪法和法律范围内活动，真正做到党领导立法、保证执法、带头守法。

（以上材料摘自：习近平：在首都各界纪念现行宪法公布施行30周年大会上的讲话。新华网北京12月4日电）

（1）材料一集中体现了法治思维的哪项内容？该如何理解？
（2）结合材料二谈谈党的领导与依法治国的关系？

【答案及解析】

一、单项选择题

1. A【解析】本题考查法治理念的概念，这是2013版教材新增章节和新增内容。解题的关键是看"被理性化的法治观念"，抓住"法治"排除CD选项，抓住"观念"排除B选项的法治思维，最后得出结论，答案是A选项法治理念。

2. B【解析】本题逆向思维，考查B选项社会主义法治理念的概念。A选项是社会主义民主政治的本质和核心，但并非指导思想。C

选项强调的是思维方式。D选项外延过于宽泛。

3．A【解析】社会主义法治理念中的"依法治国"理念概括出了中国特色社会主义法律体系的核心要义，"公平正义"理念概括出了中国特色社会主义法律体系的价值追求。执法为民体现了社会主义法治的本质要求。服务大局体现了社会主义法治的重要使命。故A选项正确。

4．A【解析】社会主义法治理念包括依法治国、执法为民、公平正义、服务大局、党的领导等五个方面的基本内容。其中，依法治国是社会主义法治的核心内容，执法为民是社会主义法治的本质要求，公平正义是社会主义法治的价值追求，服务大局是社会主义法治的重要使命，党的领导是社会主义法治的根本保证。

5．B【解析】同第4题解析。

6．C【解析】同第4题解析。

7．D【解析】同第4题解析。

8．D【解析】同第4题解析。

9．B【解析】本题考查法治思维的概念。解题技巧是把题干中的"法治"与"思维"组合在一起即可。

10．B【解析】本题考查实体法与程序法的分类。题干给出的是实体法的概念。CD普通法、衡平法是英国法系的一种分类。

11．D【解析】本题考查实体法与程序法的分类。题干给出的是程序法的概念。AB普通法、衡平法是英国法系的一种分类。

12．A【解析】ABC三个选项都是"法律至上"的法律思维的表现。D选项体现了法律的本质。题干说明的是A选项法律的普通适用性。

13．C【解析】ABC三个选项都是"法律至上"的法律思维的表现。D选项体现了法律的本质。题干说明的是C选项法律的不可违抗性。

14．A【解析】A选项宪法保障是人权保障的前提和基础。B选项立法保障是人权保障的重要条件。C选项行政保护是人权保障的关键环节。D选项司法救济是人权保障的最后防线。

15．D【解析】同第14题解析。

16．B【解析】中国传统的观念是"重实体、轻程序"。这种传统观念不仅存在于普通民众的头脑中,也体现在执法司法活动之中。社会反映强烈的执法不公、司法不公问题,有相当部分是因程序不公正引起的。而法律实践中之所以出现程序不公正现象,又与人们"重实体、轻程序"的传统观念有密切关系。

17. C【解析】中国传统的观念是 B 选项"重实体、轻程序"。这是一种错误的观念,实体和程序两者都不可偏废。正确的观念应该是 C 选项重实体、重程序。

二、多项选择题

1. ABCD【解析】本题考查我国社会主义法治理念的基本特征。属于 2013 版教材新增内容。ABCD 选项为教材中列举的社会主义发展理念的四大基本特征。本题根据正统性判断,也知均为正确选项。

2. ABCD【解析】社会主义法治理念包括依法治国、执法为民、公平正义、服务大局、党的领导五个方面的基本内容。

3. ABCD【解析】本题考查我国社会主义法治理念中依法治国的基本要求。属于 2013 版教材新增内容。ABCD 选项为教材列举的依法治国的四项基本要求。本题根据正统性判断,也知均为正确选项。

4. ABC【解析】本题考查我国社会主义法治理念中执法为民的基本要求。属于 2013 版教材新增内容。ABC 选项为教材列举的执法为民的三项基本要求。本题 ABCD 选项皆为正统表述,但是 D 选项是"服务大局"的要求,与题意不符。

5. ABCD【解析】本题考查公平正义观念的内涵。立法公正与执法公正、实体公正与程序公正从两个侧面对公正进行了分类,并涵盖了法律公正观念的全部。

6. AB【解析】本题考查对执法公正的基本要求。执法公正包括多方面的要求:(1)坚持合法合理原则,保证一切执法必须符合法律的规定,符合社会的公理;(2)坚持及时高效的原则,保证所有案件能得到及时公正的处理;(3)坚持程序公正的原则,要以人们看得见的方式实现公正,使裁判或决定的过程变为人们感受民主、客观、公平的过程。故 AB 选项正确。"坚持程序公正原则"是在传统的"重实体、轻程序"的观念背景下提出的，意味着实体公正与程序公正并重，而不是坚持程序公正优于实体公正或相反。CD 选项都有失偏颇，故不选。

7. ABD【解析】党对社会主义法治的领导主要是思想领导、政治领导和组织领导。党的思想领导主要是坚持马克思主义在法治领域的指导地位，坚持中国特色社会主义理论体系对法治建设的指导作用。党的政治领导主要是对社会主义法治建设的政治原则、政治方向、重大决策的领导，对社会主义法治建设的路线、方针、政策的领导。党的组织领导主要是推荐重要领导干部，加强立法机关、行政机关、司法机关党的组织建设，充分发挥党组织的作用。C 选项行政领导不符合党政分开，依法行政的要求。

8. ABCD【解析】2013 版教材中写到：社会主义法治理念的五个方面是相辅相成、不可分割的整体，体现了党的领导、人民当家做主、依法治国的有机统一，体现了党的事业至上、人民利益至上、宪法法律至上。本题根据正统性判断，也知道 ABCD 皆为正确选项。

9. ABD【解析】本题考查我国社会主义法治理念与中国传统法律思想的关系。属于 2013 版教材新增内容。ABD 选项均为教材的正统表述。C 选项错误，社会主义法治理念不是中国传统法律思想的直接延续，而是对中国传统法律思想的批判吸收。

10. ABCD【解析】本题考查我国社会主义法治理念中党的领导与依法治国的关系。属于 2013 版教材新增内容。ABCD 选项为教材列举的内容。本题根据正统性判断，也知均为正确选项。

11. ABCD【解析】本题考查法治思维的基本特征。为 2013 版教材新增内容。由于法律、权力、权利、程序是所有治国理政所不可或缺的四个基本要素，法治思维的基本特征就体现为对待和处理这些基本要素的态度和方式，故法治思维的基本特征也体现在四个方面，即 ABCD 四个选项。

12. ABC【解析】法治思维不仅认为法律是治国理政的手段和工具，更强调法律是治国理政的最高准则，治国理政必须奉守法律至上原则。法律的至上性，具体表现为法律的普遍适用性、优先适用性和不可违抗性。故 ABC 选项正确，D 选项错误。尽管我们坚持党的领导，但是党必须在宪法和法律的范围之内活动。这是依法治国、法律至上的必然要求。否则就不能体现法律的至上性了。

13．ABCD【解析】2013 版教材新增内容，权力制约原则可以概括为职权由法定、有权必有责、用权受监督、违法受追究四项要求。本题按照阅读理解和正统性判断，也知道 ABCD 均为正确选项。

14．ABCD【解析】2013 版教材新增内容，人权的法律保障包括宪法保障、立法保障、行政保护和司法救济。其中 A 选项宪法保障是人权保障的前提和基础。B 选项立法保障是人权保障的重要条件。C 选项行政保护是人权保障的关键环节。D 选项司法救济是人权保障的最后防线。

15．ABCD【解析】本题考查法治思维的基本特征中的正当程序。为 2013 版教材新增内容。ABCD 四个选项专业性较强，考生可结合新版教材的解释进行理解。

16．ACD【解析】社会主义民主与社会主义法治之间存在着密切关系。一方面，社会主义民主是社会主义法治的基础，决定着社会主义法治的性质和内容。另一方面，社会主义法治是社会主义民主的保障，是社会主义民主的重要实现途径。B 选项的错误在于颠倒了民主与法治的关系。

17．ABCD【解析】本题考查法治思维的基本特征中的正当程序。为 2013 版教材新增内容。权力指的是国家权力，权利指的是公民权利。国家权力是公民权利授予的，服务于公民，受制约于公民，故 ABCD 均为正确选项。

18．ABC【解析】本题考查权利义务观念中法律权利与法律义务的关系，一般说来，可以把法律权利与法律义务的关系概括为结构上的相关关系、总量上的等值关系、功能上的互补关系等三个方面。故 ABC 选项正确。哲学上的同一性指的是同一个事物，权利和义务尽管指向的标的可能是同一的，但本身内容却不相同，是两个概念，而非同一个概念，故 D 选项错误。

19．BCD【解析】本题考查对"法律面前人人平等观念"内涵理解。BCD 选项在教材中都能找到答案。A 选项的错误就在于，法律是有阶级性的，不同的阶级在立法上是不可能一律平等的。因此法律面前人人平等并不包括立法平等这个内涵。

20．BCD【解析】A 选项仲裁法属于程序法。其余三项都属于实体法。

21．ABCD【解析】程序法包括诉讼程序和非诉讼程序之分，其中 BCD 选项为典型诉讼程序法。A 选项仲裁法则属于非诉讼程序法。

22．ABC【解析】本题考查培养法律思维的途径。D 选项从事法律职业固然可以培养法律思维，而且必须要培养法律思维。但是将之作为培养法律思维的基本途径加以推广，显然是不现实的。不可能要求法治国家的全体公民都从事法律职业。ABC 三个选项是教材中的标准答案。

23．ABCD【解析】本题考查法律权威的来源。法律权威的树立主要依靠法律的外在强制力和内在说服力。法律的外在强制力是法律权威的外在条件，主要表现为国家对违法行为的制裁。这是树立法律权威不可缺少的条件。法律的内在说服力是法律权威的内在基础。法律的内在说服力既来源于法律本身的内在合理性，也来源于法律实施过程的合理性，如执法公平、司法公正。A 选项体现了法律的外在强制力，BCD 选项体现了法律的内在说服力。

24．ABCD【解析】本题考查保障法律的至上地位的举措。为 2013 版教材新增内容。ABCD 选项根据正统性判断，也知均为正确选项。此外，教材中还包括"深入开展法制宣传教育"一项。

25．ABD【解析】对于公民个人来说，既要增强法律意识，按照法律的规定行事，又要自觉尊重与维护法律的权威，成为法律权威的坚定维护者。对于大学生来说，至少应做到以下三个方面：树立法律信仰、引导他人尊重法律权威、敢于同违法犯罪行为作斗争。但是，树立和维护法律权威，与职业无关，故 C 选项错误。

三、简答题答案要点

1. 社会主义法治理念包括依法治国、执法为民、公平正义、服务大局、党的领导等五个方面的基本内容。其中，依法治国是社会主义法治的核心内容，执法为民是社会主义法治的本质要求，公平正义是社会主义法治的价值追求，服务大局是社会主义法治的重要使命，党的领导是社会主义法治的根本保证。

2. 法治思维方式是指人们按照法治的理念、原则和标准判断、分析和处理问题的理性思维方式。法治思维的基本特征包括：法律至上、权力制约、人权保障和正当程序。

3. 社会主义民主与社会主义法治之间存在着密切关系。一方面，社会主义民主是社会主义法治的基础，决定着社会主义法治的性质和内容。另一方面，社会主义法治是社会主义民主的保障，是社会主义民主的重要实现途径。

4. 法律上的平等观念最为核心的是法律面前人人平等的观念。法律面前人人平等，要求所有公民都必须平等地遵守法律，依照法律规定平等地享有和行使法律权利，平等地承担和履行法律义务。任何公民的违法犯罪行为都平等地受到法律追究和制裁。

5. 法律权威的树立主要依靠法律的外在强制力和内在说服力。法律的外在强制力是法律权威的外在条件，主要表现为国家对违法行为的制裁。法律的内在说服力是法律权威的内在基础。法律的内在说服力既来源于法律本身的内在合理性，如法律合乎情理、维护正义、促进效率、通俗易懂，也来源于法律实施过程的合理性，如执法公平、司法公正。

四、分析题答案要点

1. （1）材料中的暴力执法行为违反了执法公正的要求。执法公正是立法公正得以实现的重要保障，主要表现为：①坚持合法合理原则，保证一切执法活动符合法律规定，符合社会公理；②坚持及时高效的原则，保证所有法律纠纷能得到及时公正的处理；③坚持程序公正的原则，以人们看得见的方式实现公正，使执法过程变为人们感受民主、客观、公平的过程。材料中的执法行为既不合法，也不合理，更不利于及时解决纠纷，在程序上更无民主公平可言。

(2) 公民权利与国家权力的关系主要表现为四个方面：

①国家权力来源于公民权利。②国家权力服务于公民权利。③国家权力应当以公民权利为界限。④国家权力必须受到公民权利的制约。材料中的暴力执法行为，属于执法者滥用国家权力的行为，背离了国家权力和公民权利的正常关系。

2. (1) 集中体现了法治思维中的法律至上的内容。法律的至上性，具体表现为法律的普遍适用性、优先适用性和不可违抗性。法律的普遍适用性，是指法律在本国主权范围内对所有人具有普遍的约束力。所有国家机关、社会组织和公民个人都必须遵守法律，依法享有和行使法定职权与权利，承担和履行法定职责与义务。法律的优先适用性，是指当同一项社会关系同时受到多类社会规范的调整时，法律规范的适用要优先于其他社会规范。法律的不可违抗性，是指任何人都不允许违反法律，违反法律就要受到法律的惩罚。不管涉及什么人，不论权力大小、职位高低，只要有违法犯罪行为，就要依法追究和承担法律责任。

(2) 党的领导与依法治国是有机统一的关系。一方面，依法治国是党领导人民治理国家的基本方略，坚持党的领导是社会主义法治的根本保证；另一方面，依法执政是党执政的基本方式，党领导人民制定宪法和法律，又必须自觉遵守宪法和法律，带头维护宪法和法律的权威。在如何理解和处理党的领导与依法治国的关系上，我们经历了曲折的历史过程，曾发生过较大的失误。改革开放以来，我国宪法和中国共产党党章先后确立了"党必须在宪法和法律范围内活动"的基本原则。2002年党的十六大从改革和完善党的领导方式和执政方式出发，明确提出党要坚持依法执政，不仅要求党必须在宪法和法律的范围内活动，而且要求党的领导和执政行为要纳入法治轨道。

第七章　遵守行为规范　锤炼高尚品格

【体系框架】

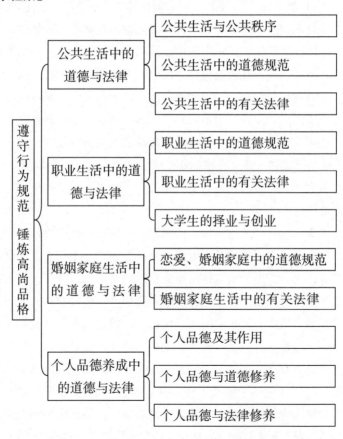

【要点】

第一节 公共生活中的道德与法律

一、公共生活与公共秩序

1. 当代社会公共生活的特征主要表现在以下几个方面：
（1）范围的广泛性。
（2）内容的公开性。
（3）对象的复杂性。
（4）方式的多样性。

2. 公共秩序是由一定规则维系的人们公共生活的一种有序化状态，主要包括工作秩序、教学秩序、营业秩序、交通秩序、娱乐秩序、网络秩序等。在当代社会，维护公共秩序对经济社会健康发展的重要意义愈加突出。
（1）有序的公共生活是构建和谐社会的重要条件。
（2）有序的公共生活有利于促进经济社会的健康发展。
（3）有序的公共生活是提高社会成员生活质量的基本保障。
（4）有序的公共生活是国家现代化和文明程度的重要标志。

二、公共生活中的道德规范

1. 概念：公共生活中的道德规范，即社会公德，是指人们在社会交往和公共生活中应该遵守的行为准则，是维护社会成员之间最基本的社会关系秩序、保证社会和谐稳定的最起码的道德要求，涵盖了人与人、人与社会、人与自然之间的关系。

2. 社会公德包括：文明礼貌、助人为乐、爱护公物、保护环境、遵纪守法。

三、公共生活中的有关法律

（一）治安管理处罚法

1. 基本原则：

（1）治安管理处罚必须以事实为依据，与违反治安管理行为的性质、情节以及社会危害程度相当。

（2）实施治安管理处罚，应当公开、公正，尊重和保障人权，保护公民的人格尊严。

（3）办理治安案件应当坚持教育与处罚相结合的原则。

2. 违反治安管理行为是指扰乱社会秩序，妨害公共安全，侵犯公民人身权利，侵犯公私财产，情节轻微尚不够刑事处罚的行为。

3. 治安管理处罚种类：警告、罚款、行政拘留、吊销公安机关发放的许可证、限期出境或者驱逐出境等。治安管理处罚必须严格依照调查、决定和执行程序进行，被处罚人可依法通过听证程序和救济程序保护合法权益。

（二）集会游行示威法

基本原则主要有：

1. 政府依法保障原则。对公民行使集会、游行、示威的权利，各级人民政府应当依法予以保障。

2. 权利义务一致原则。公民在行使集会、游行、示威权利的时候，必须遵守宪法和法律，不得反对宪法所确定的基本原则，不得损害国家、社会、集体的利益和其他公民合法的自由和权利。

3. 和平进行原则。集会、游行、示威应当和平进行，不得携带武器、管制刀具和爆炸物，不得使用暴力或煽动使用暴力。

（三）道路交通安全法

基本原则主要有：

1. 依法管理原则。道路交通安全工作，无论是主管部门履行职责，还是道路交通管理行为及有关纠纷的处理，都应当依法进行，以保障道路交通有序、安全、畅通。

2. 以人为本、与民方便原则。道路交通安全法在机动车通行规则、交通事故的责任认定、交通事故快速处理和抢救费用的支付等方面都应体现以人为本、与民方便的原则。

（四）环境保护法

基本原则主要有：

1. 经济建设与环境保护协调发展原则。国家将环境保护纳入国民经济和社会发展规划，并采取有利于保护环境的经济、技术政策和措施，保证环境保护与经济、社会发展相协调。

2. 预防为主、防治结合、综合整治原则。国家在环境保护工作中，采取各种预防措施，防止开发建设产生新的环境污染和破坏，对已造成的环境污染和破坏要积极治理。

3. 谁污染谁治理、谁开发谁保护原则。明确规定环境污染和破坏者的责任，将环境保护与人们的经济利益和其他利益联系起来。

（三）维护互联网安全的决定

基本原则主要有：

1. 促进网络发展与加强监管相结合的原则。制定和实施网络法律规范的目的是维护和促进网络的健康发展。监管网络上各种活动、制裁网络上的不法行为，不应最终束缚信息网络的发展。

2. 信息自由与社会公共利益有机结合的原则。从充分发挥信息网络功能出发，从社会公共利益出发，对网络上的自由进行必要的限制。

3. 与现代网络发展相适应、与传统法律规范相协调的原则。网络法律规范的制定和实施既要针对网络的特点作出新的规定，又必须与传统法律规范相协调。

第二节　职业生活中的道德与法律

一、职业生活中的道德规范

1. 职业道德，是指从事一定职业的人在职业生活中应当遵循的具有职业特征的道德要求和行为准则，涵盖了从业人员与服务对象、职业与职工、职业与职业之间的关系。

2. 内容：社会主义职业道德以爱岗敬业、诚实守信、办事公道、服务群众、奉献社会为主要内容。其中爱岗敬业是社会主义职业道德的最基本要求。奉献社会是社会主义职业道德中最高层次的要求，体现了社会主义职业道德的最高目标指向。

二、职业生活中的有关法律

(一) 劳动法

1. 基本原则：

（1）维护劳动者合法权益与兼顾用人单位利益相结合的原则。

（2）按劳分配与公平救助相结合的原则。

（3）劳动者平等竞争与特殊劳动保护相结合的原则。

（4）劳动行为自主与劳动标准制约相结合的原则。

2. 劳动者权利：平等就业和选择职业的权利，取得劳动报酬的权利，休息休假的权利，获得劳动安全卫生保护的权利，接受职业技能培训的权利，享受社会保险和福利的权利，提请劳动争议处理的权利，法律法规规定的其他权利。

3. 劳动者权利保护制度：主要有工作时间和休息休假制度、工资制度、劳动安全卫生制度、女职工和未成年工特殊保护制度、职业培训制度等。

(二) 就业促进法

坚持"劳动者自主择业、市场调节就业、政府促进就业"的就业方针。

(三) 劳动合同法

1. 劳动合同是劳动者与用人单位确立劳动关系、明确双方权利和义务的协议。建立劳动关系应当订立劳动合同。订立和变更劳动合同，应当遵循平等自愿、协商一致的原则，不得违反法律、行政法规的规定。劳动合同应当以书面形式订立。

2. 依法订立的劳动合同自合同签订之日起生效，劳动合同须经鉴证或公证的，自鉴证或公证之日起生效。违反法律、行政法规的劳动合同和采用欺诈、胁迫等手段订立的劳动合同无效。无效的劳动合同自订立起就没有法律约束力。劳动合同的无效由劳动争议仲裁委员会或人民法院确认。劳动合同依法成立后，由于约定条件或法定事由发生变化可对合同的内容进行修正或补充。劳动合同订立以后，尚未履行完毕之前，可以由双方或一方当事人依法解除。

3. 工会组织或职工代表可以依法与所在企业就劳动报酬、工作时间、休息休假、劳动安全卫生、保险福利等事项达成书面协议，订立集体合同。集体合同一经订立，即适用于企业全体劳动者。但是，集体合同不能代替劳动合同，劳动者个人与企业建立劳动关系必须另订劳动合同。集体合同在保护劳动者合法权益，减少劳动纠纷，稳定、协调劳动关系方面具有重要作用。

（四）劳动争议调解仲裁法

劳动争议发生后，当事人可以协商解决，也可以依法申请调解、仲裁、提起诉讼。协商、调节都不是解决劳动争议的必经程序。当事人一方可以向劳动争议仲裁委员会申请仲裁。劳动争议仲裁委员会是指县、市、市辖区设立的裁处企业与职工之间发生的劳动争议的组织机构。最后，当事人对仲裁裁决不服的，除依法具有终局法律效力的裁决外，可以自收到仲裁裁决书之日起15日内向人民法院提起诉讼。一方当事人在法定期限内不起诉又不履行仲裁裁决的，另一方当事人可以申请人民法院强制执行。

三、大学生的择业与创业

（一）树立正确的择业观与创业观

1. 树立正确的择业观

（1）树立崇高职业理想，重视人生价值实现。树立崇高的职业理想，不仅是为了拓展职业的价值领域，更是为了提升人生观、价值观的境界。树立崇高的职业理想和坚定的职业信念并不是空洞抽象的话语，它具有很强的现实性或实践性，不应单纯地把职业看成是谋求生存的手段，更应把职业视为一生所追求的事业，它蕴含着人们的人生理想和信念。

（2）服从社会需要，追求长远利益。大学生在就业问题上要充分考虑到社会的需要，把自己对职业的期望与社会的需要统一起来，着眼现实，面向未来，既不好高骛远，也不消极被动，以积极主动的态度面对就业问题。

（3）打下坚实基础，做好充分准备。择业需要以自身的能力和素质为基础。机会总是垂青于有所准备的人。一个人有了真才实学,能够适应多种岗位,就更有利于自己的就业。

2. 树立正确的创业观

(1) 要有积极创业的思想准备。择业是起点,创业是追求。自主创业的天地广阔,大有可为。

(2) 要有敢于创业的勇气。创业艰苦磨难多。因此,只有创业的思想准备是不够的,还需要创业勇气,有勇气者才敢于创业、善于创业和成功创业。

(3) 要提高创业的能力。打破"学历本位"的观念,树立"能力本位"的意识,努力提高自主创业的能力。

(二) 在艰苦中锻炼,在实践中成才

1. 在艰苦中锻炼是成才的必要条件。艰苦是开发人的巨大潜能的一种重要动力。"在艰苦中锻炼"的本质,是对社会责任的自觉担当,也是对人生历程的自觉准备。"千淘万漉虽辛苦,吹尽狂沙始到金""不经历风雨,怎能见彩虹",这些格言警句都说明,在艰苦的环境中磨炼,是成长、成人、成才的必要条件。

2. 社会实践是锻造人才的熔炉。要成为人才,只有通过实践。实践出真知,实践也是铸造人才的大熔炉。实践不仅是人才成长的动力,而且是衡量人才的标准。对于大学生来说,在实践中成才的一条重要途径是把自己的择业和创业定位于到基层去、到农村去、到边疆去、到祖国最需要的地方去建功立业。

第三节 婚姻家庭生活中的道德与法律

一、恋爱、婚姻家庭中的道德规范

(一) 恋爱中的道德规范

1. 尊重人格平等。
2. 自觉承担责任。

3. 文明相亲相爱。

（二）树立正确的恋爱观

树立正确的恋爱观，要正确把握"五不能""三关系"。

1. 坚持"五不能"

（1）不能误把友谊当爱情。

（2）不能错置爱情的地位。

（3）不能片面地或功利化地对待恋爱。

（4）不能只重过程不顾后果。

（5）不能因失恋而迷失人生方向。

2. 正确处理"三关系"

（1）恋爱与学习的关系：学习是大学生的主要任务。

（2）恋爱与关心集体的关系：恋爱中的双方不应把自己禁锢在两个人的世界中。

（3）恋爱与关爱他人和社会的关系：爱的情感丰富博大，不仅有恋人之爱，还有父母、兄弟、姐妹、同志之爱和对社会、国家之爱。

（三）婚姻家庭生活中的道德规范

1. 婚姻是指由法律所确认的男女两性的结合以及由此而产生的夫妻关系。家庭是指在婚姻关系、血缘关系或收养关系基础上产生的，亲属之间所构成的社会生活单位。婚姻是家庭产生的重要前提，家庭又是缔结婚姻的必然结果。

2. 婚姻家庭关系具有自然和社会两重属性。婚姻家庭的自然属性体现了某些自然规律对婚姻家庭所起的制约和影响作用，如自然选择规律排斥近亲通婚等。自然属性仅是婚姻家庭得以形成和发展的前提条件，社会属性才是婚姻家庭的本质所在。

3. 家庭美德是调节家庭内部成员以及与家庭生活密切相关的人际关系的行为规范，是每个公民在家庭生活中应该遵循的行为准则。家庭美德的主要内容包括：尊老爱幼、男女平等、夫妻和睦、勤俭持家、邻里团结。

二、婚姻家庭生活中的有关法律

(一) 婚姻法

1. 婚姻法的基本原则有五项

(1) 婚姻自由;(2) 一夫一妻;(3) 男女平等;(4) 保护妇女、儿童和老人的合法权益;(5) 计划生育。

2. 结婚的条件和程序

(1) 结婚的必备条件有三个:

①必须男女双方完全自愿。这是婚姻自由原则的必然要求,目的是维护公民的婚姻自主权。

②必须达到法定婚龄。婚姻法规定,结婚年龄,男不得早于22周岁,女不得早于20周岁。晚婚晚育应予鼓励。

③必须符合一夫一妻制。婚姻当事人只有各自在未婚、离婚或丧偶的情况下才能结婚。有配偶而与他人结婚或明知他人有配偶而与之结婚的行为构成重婚罪,要承担法律责任。

(2) 结婚的禁止条件:

①禁止直系血亲和三代以内旁系血亲结婚。

②禁止患有医学上认为不应当结婚的疾病的人结婚。

(3) 法定程序:结婚的男女双方必须亲自到婚姻登记机关进行结婚登记。符合规定条件的,予以登记,发给结婚证。取得结婚证,即确立夫妻关系。结婚登记是婚姻关系成立的法定标志。

3. 家庭关系

家庭关系包括夫妻关系、父母子女关系和其他家庭成员关系。

(1) 夫妻关系,包括人身关系和财产关系两个方面。夫妻间的人身关系,是指夫妻双方与其人身不可分离而没有直接经济内容的在人格、身份、地位以及生育等方面的权利与义务关系。夫妻间的财产关系,是指夫妻双方在财产、扶养和继承等方面的权利与义务关系。夫妻可以约定婚姻关系存续期间的财产以及婚前财产所有形式。

(2) 父母子女关系,是指父母与子女之间的权利与义务关系。具体包括：父母对子女有抚养教育的义务，有管教和保护未成年子女的权利和义务，同时是未成年子女的法定代理人和监护人。子女对父母有赡养扶助的义务，即经济上的必要帮助和精神上的关心照顾，这种义务是无条件的。父母与子女间有相互继承遗产的权利。此外，非婚生子女与生父母的关系、受继父或继母抚养的继子女与继父母的关系、养子女与养父母的关系，与婚生子女与父母的关系相同。

（3）其他家庭成员关系，是指祖父母、外祖父母与孙子女、外孙子女之间，兄弟姐妹之间的权利义务关系。

4．离婚的方式和后果。

（1）原则：一是保障离婚自由。二是反对轻率离婚。

（2）离婚有两种方式：

①协议离婚，是指男女双方自愿离婚，并对子女抚养教育和夫妻财产分割等问题达成协议，到婚姻登记机关申请离婚的行为。

②诉讼离婚，是指一方要求离婚，另一方不同意离婚，或双方虽系自愿离婚，但在对子女抚养或夫妻财产分割未能达成协议的情况下，婚姻当事人向人民法院提起离婚诉讼的行为。

（3）关于军人、女人的特殊规定：

①现役军人的配偶要求离婚时，须征得军人同意，但军人有重大过错的除外。

②女方在怀孕期间、分娩后1年内或者终止妊娠6个月内，男方不得提出离婚，但女方提出离婚或人民法院认为确有必要受理男方离婚请求的，不在此限。

（4）离婚的后果

离婚只是从法律上解除了夫妻关系，父母与子女的血亲关系并不因此而消除，无论子女由哪方抚养，仍是父母双方的子女，故离婚后父母对子女仍有抚养和教育的权利和义务。

离婚过错损害赔偿制度：当夫妻一方有下列过错而导致离婚的，无过错方有权请求损害赔偿：重婚的，有配偶者与他人同居的，实施家庭暴力的，虐待、遗弃家庭成员的。

(二) 继承法

1. 概念：继承专指财产继承，即自然人死亡后，按照法定程序，把死者遗留的个人合法财产（即遗产）转移给他人所有的一种法律制度。在继承关系中，遗留财产的死者称为被继承人。接受财产的人称为继承人；继承人依法取得被继承人的遗产的权利称为继承权。

2. 继承的方式：有法定继承、遗嘱继承、遗赠和遗赠扶养协议四种。

(1) 法定继承是指由法律直接规定继承人的范围、继承顺序、遗产分配原则的财产继承制度。

第一顺序继承人为配偶、子女和父母；

第二顺序继承人为兄弟姐妹、祖父母、外祖父母。

(2) 遗嘱继承是指在被继承人死亡后，按他生前所立的遗嘱内容，将其遗产的全部或者部分转移给指定的继承人的一种继承方式。遗嘱继承优先于法定继承。立遗嘱人必须具有完全民事行为能力，遗嘱必须是遗嘱人的真实意思表示，遗嘱内容不得违反国家法律和公共利益。

(3) 遗赠是指遗嘱人用遗嘱的方式将其个人财产于其死亡后赠给法定继承人以外的人、国家或者集体组织的一种法律制度。遗赠是遗赠人死亡时生效的单方无偿民事法律行为，而无论受遗赠人是否接受。遗赠的标的只能是遗产中的财产权利，而不包括财产义务。

(4) 遗赠扶养协议是指受扶养人和扶养人之间关于扶养人承担受扶养人的生养死葬的义务，受扶养人将自己所有的财产遗赠给扶养人的协议。遗赠扶养协议的法律效力高于法定继承和遗嘱继承。扶养人无正当理由不履行扶养义务，致使协议解除的，不能享有受遗赠的权利，其支付的供养费用一般不予补偿。受抚养人无正当理由不履行协议中的义务，致使协议解除的，则应偿还扶养人已支付的供养费用。

第四节　个人品德养成中的道德与法律

一、个人品德及其作用

1. 个人品德是通过社会道德教育和个人自觉的道德修养所形成的

稳定的心理状态和行为习惯。它是个体对某种道德要求认同和践履的结果，集中体现了道德认知、道德情感、道德意志和道德行为的内在统一。

2. 个人品德具有鲜明的特点：

（1）实践性。（2）综合性。（3）稳定性。

3. 个人品德的作用主要表现为以下三个方面：

（1）个人品德对道德和法律作用的发挥具有重要的推动作用。社会道德和法律要求只有内化为个人品德，才能成为现实的规范力量。同时，个人品德提升的过程也是能动地作用于社会道德和法律的过程，它能够为社会道德和法律的发展进步创造条件、提供动力。

（2）个人品德是个人实现自我完善的内在根据。个人在行为过程中整合行为动机、确定行为目标、自觉调控行为过程等都是个人品德功能和作用的体现。

（3）个人品德是经济社会发展进程中重要的主体精神力量。作为劳动主体的人，是经济社会发展的核心动力，而个人品德是决定人的综合素质的核心要素。

二、道德修养

个人品德的养成既要加强个人道德修养的自觉性，采取正确有效的道德修养方法，也要自觉地向道德模范学习。历史上思想家们所提出的各种积极有效的道德修养方法有：学思并重、省察克治、慎独自律、积善成德、知行统一的方法等。

三、法律修养

加强法律修养，重在增强法律思维。即照法律的要求观察、思考、处理法律问题。法律思维具有以下特征：

（1）讲法律。思考与处理涉及法律的社会问题，要以法律为准绳。在社会生活中，人们有时会遇到法与理、法与情的冲突，遇到合理不合法或合情不合法的情况。但是，即使人们感觉到某些法律规定不合理、不合情，也不能漠视、违背或搁置法律。

（2）讲证据。思考与处理涉及法律的社会问题，要以证据为根据，要抓住两个关键问题：一是查清案件事实，二是正确适用法律。证据就是以法律规定的形式表现出来的、能够证明案件真实情况的客观事实。法律上的证据不同于一般的事实，证据具有以下特征：

①证据要具有合法性，即证据的形式、收集和查证都必须符合法律的规定。

②证据要具有客观性，即证据必须是客观真实的，既不能捕风捉影，更不能主观臆断。

③证据要具有关联性，即证据只有与案件事实有实质性联系，才能对案件事实具有证明作用。

（3）讲程序。思考与处理法律问题，要从法律程序出发。程序问题在法律领域居于非常重要的地位。程序是法律所规定的法律行为的方式和过程，法律通过规定明确的程序来约束人们的行为。

（4）讲法理。思考与处理涉及法律的社会问题，要运用法律原理和精神。法律思维的任务不仅是获得处理法律问题的结论，而且要为法律结论提供充分的法律论证与法律理由。而且要求：①理由必须是公开的；②理由必须有法律上的依据；③理由必须具有法律上的说服力。

【试题】

一、单项选择题

1. 公共秩序是由一定的规则体系维系的人们公共生活的一种有序状态，随着时代和科技的发展，公共秩序也有了新的领域，最能体现时代特征的是（　　）。

A．工作秩序　　B．教学秩序　　C．交通秩序　　D．网络秩序

2. 全体社会成员都必须遵守的道德规范，具有最广泛的群众基础和适用范围的是（　　）。

A．基本道德　　B．社会公德　　C．职业道德　　D．家庭美德

3. 下列选项，属于社会公德最基本的要求，维护公共生活秩序的重要条件的是（　　）。
   A. 助人为乐　　B. 保护环境　　C. 爱护公物　　D. 遵纪守法

4. 公民在行使集会、游行、示威权利的时候，不得反对宪法所确定的基本原则，不得损害国家、社会、集体的利益和其他公民的合法的自由和权利。这体现了我国《集会游行示威法》所确立的（　　）。
   A. 和平进行原则　　　　　　B. 文明进行原则
   C. 权利义务相一致原则　　　D. 政府依法保障原则

5. 社会主义职业道德的最基本要求是（　　）。
   A. 爱岗敬业　　B. 诚实守信　　C. 办事公道　　D. 服务群众

6. 社会主义职业道德中最高层次的要求是（　　）。
   A. 诚实守信　　B. 办事公道　　C. 服务群众　　D. 奉献社会

7. 在劳动者与用人单位签署劳动合同的同时，国家还会规定劳动的基本条件，保护劳动者的合法权益，这体现了我国《劳动法》基本原则中的（　　）。
   A. 按劳分配与公平救助相结合的原则
   B. 劳动行为自主与劳动标准制约相结合的原则
   C. 劳动者平等竞争与特殊劳动保护相结合的原则
   D. 维护劳动者合法权益与兼顾用人单位利益相结合的原则

8. 在提起劳动争议诉讼之前，必须要经历的劳动争议解决程序是（　　）。
   A. 劳动复议　　B. 当事人协商　　C. 劳动调解　　D. 劳动仲裁

9. 如果劳动争议的一方当事人在法定期限内不起诉又不履行仲裁裁决的，另一方当事人可以（　　）。
   A. 提起劳动诉讼　　　　　　B. 申请重新仲裁
   C. 申请法院强制执行　　　　D. 申请仲裁委员会强制执行

10. 我国第一部关于保护劳动者合法权益和调整劳动关系的重要法律是（　　）。
    A. 民法　　B. 劳动法　　C. 行政法　　D. 商法

11. 婚姻家庭的本质属性是婚姻家庭的（　　）。
  A. 自然属性　　B. 社会属性　　C. 道德属性　　D. 法律属性
12. 下列选项，既属于家庭美德的基本规范之一，同时也是我国的法律原则和基本国策的是（　　）。
  A. 尊老爱幼　　B. 男女平等　　C. 勤俭持家　　D. 邻里团结
13. 根据我国《婚姻法》规定的结婚年龄，男不得早于（　　）。
  A. 18周岁　　B. 20周岁　　C. 22周岁　　D. 25周岁
14. 根据我国《婚姻法》规定，父母对子女须履行的义务是（　　）。
  A. 赡养　　B. 抚养　　C. 扶养　　D. 供养
15. 离婚后，对子女承担抚养教育义务的是（　　）。
  A. 直接抚养子女的一方　　B. 不直接抚养子女的一方
  C. 父母双方　　D. 由法院根据实际情况确定
16. 当夫妻一方有过错而导致离婚的，无过错方有权（　　）。
  A. 优先获得子女的抚养权　　B. 拒绝承担家庭债务
  C. 请求损害赔偿　　D. 优先取得不动产所有权
17. 遗嘱人用遗嘱的方式将其个人财产于其死亡后赠给法定继承人以外的人、国家或者集体组织的法律制度是（　　）。
  A. 法定继承　　B. 遗嘱继承
  C. 遗赠　　D. 遗赠扶养协议

二、多项选择题

1. 当代社会公共生活的特征主要表现在（　　）。
  A. 活动范围的广泛性　　B. 活动内容的公开性
  C. 交往对象的复杂性　　D. 活动方式的多样性
2. 在当代社会，维护公共秩序对经济社会健康发展的重要意义有（　　）。
  A. 构建和谐社会的重要条件
  B. 经济社会健康发展的必要前提
  C. 提高社会成员生活质量的基本保证

D. 国家现代化和文明程度的重要标志

3. 现代社会维护公共生活秩序的基本手段有（　　）。

A. 道德　　　B. 风俗　　　C. 法律　　　D. 纪律

4. 在社会主义现代化建设的进程中，每一个社会成员都应遵守的社会公德的主要内容有（　　）。

A. 文明礼貌，助人为乐　　　B. 尊老爱幼

C. 爱护公物，保护环境　　　D. 遵纪守法

5. 在人与人之间关系的层面上，社会公德主要体现为（　　）。

A. 爱护公物　　　B. 维护公共秩序

C. 举止文明　　　D. 尊重他人

6. 在人与自然之间关系的层面上，社会公德主要体现为（　　）。

A. 热爱自然　　B. 爱护公物　　C. 尊重他人　　D. 保护环境

7. 下列处罚措施中，属于我国治安管理处罚种类的有（　　）。

A. 警告　　　B. 罚金　　　C. 行政拘留　　　D. 限期出境

8. 下列属于违反治安管理行为的有（　　）。

A. 甲聚众赌博，被警方警告处分

B. 乙违反传染病防治规定，恶意传播病毒，被处以罚款

C. 外国人丙聚众扰乱我国社会秩序，被警方通知限期出境

D. 丁交通违章造成重大事故，被警察刑事拘留

9. 被处罚人对治安管理处罚决定不服的，依法享有的救济权利有（　　）。

A. 申请行政复议

B. 提起行政诉讼

C. 据理力争，拒不执行错误的治安管理处罚

D. 在提供担保的情况下，向公安机关提出暂缓执行的申请

10. 下列选项中，属于我国《集会游行示威法》基本原则的有（　　）。

A. 政府依法保障原则　　　B. 从严从快原则

C. 和平进行原则　　　D. 权利义务一致原则

11. 《环境保护法》的基本原则有（   ）。
　　A. 经济建设与环境保护协调发展的原则
　　B. 预防为主、防治结合、综合整治的原则
　　C. 谁污染谁治理原则
　　D. 谁开发谁保护原则
12. 下列选项属于我国《维护互联网安全的决定》的基本原则的有（   ）。
　　A. 促进网络发展与加强监管相结合的原则
　　B. 信息自由与社会公共利益有机结合的原则
　　C. 政府监管与市场自律相结合原则
　　D. 与现代网络发展相适应、与传统法律规范相协调的原则
13. 社会主义的职业道德所具有的崭新内涵包括（   ）。
　　A. 爱岗敬业　　　　　　　　B. 诚实守信，办事公道
　　C. 技艺精湛　　　　　　　　D. 服务群众，奉献社会
14. 下列选项中属于与职业活动相关的法律有（   ）。
　　A. 《劳动合同法》　　　　　B. 《公务员法》
　　C. 《民法通则》　　　　　　D. 《人民警察法》
15. 下列属于我国《劳动法》规定的劳动者的基本权利的有（   ）。
　　A. 平等就业和选择职业的权利　　B. 取得劳动报酬的权利
　　C. 休息休假的权利　　　　　　　D. 罢工权
16. 下列选项属于我国《劳动法》的基本原则的有（   ）。
　　A. 按劳分配与公平救助相结合的原则
　　B. 劳动行为自主与劳动标准制约相结合的原则
　　C. 劳动者平等竞争与特殊劳动保护相结合的原则
　　D. 维护劳动者合法权益与兼顾用人单位利益相结合的原则
17. 根据我国《劳动合同法》的规定，下列说法，正确的有（   ）。
　　A. 劳动合同应当以书面形式订立
　　B. 劳动合同必须经鉴证或公证的，自鉴证或公证之日起生效

C. 工会组织或职工代表依法与企业签有集体合同的，职工个人与企业之间可不必再签订劳动合同

D. 劳动合同订立以后，尚未履行完毕之前，可以由双方或一方当事人依法解除。

18. 根据我国《就业促进法》的规定，要做好促进就业工作，实现社会就业比较充分的目标，要坚持的就业方针有（　　）。

A. 劳动者自主择业　　　　B. 市场调节就业

C. 政府促进就业　　　　　D. 政府保证就业

19. 根据我国《劳动法》的规定，劳动争议的解决途径有（　　）。

A. 当事人协商　B. 调解　　C. 劳动仲裁　　D. 诉讼

20. 大学生应当树立的正确择业观包括（　　）。

A. 打下坚实基础，做好充分准备

B. 服从社会需要，追求长远利益

C. 实现个人理想，满足物质需要

D. 树立崇高职业理想，重视人生价值实现

21. 大学生应当树立的正确创业观包括（　　）。

A. 要有积极创业的思想准备　　B. 要有敢于创业的勇气

C. 要提高创业的能力　　　　　D. 要有雄厚的学历背景

22. 下列选项属于恋爱中的道德要求的有（　　）。

A. 尊重人格平等　　　　　　　B. 自觉承担责任

C. 文明相亲相爱　　　　　　　D. 主动尊老爱幼

23. 婚姻家庭关系是特定的人与人之间的特殊关系，下列属于婚姻家庭关系的属性的有（　　）。

A. 自然属性　　B. 社会属性　　C. 道德属性　　D. 法律属性

24. 下列选项中，属于我国《婚姻法》的基本原则的有（　　）。

A. 婚姻自由

B. 男女平等

C. 实行计划生育

D. 保护妇女、老人和儿童的合法权益

25. 结婚是指男女双方依照法律规定的条件和程序，确立夫妻关系的法律行为。结婚必须具备的三个条件是（　　）。

　　A．男女双方完全自愿　　　　B．达到法定年龄

　　C．符合一夫一妻制　　　　　D．男女双方身体健康

26. 根据我国《婚姻法》的规定，下列属于禁止结婚的情形有（　　）。

　　A．甲想娶自己姑姑的女儿为妻子

　　B．乙想嫁给自己远房的表哥

　　C．丙患性病尚未治愈

　　D．丁想嫁给比自己父亲年岁还大的男人

27. 下列属于夫妻之间的财产关系的有（　　）。

　　A．夫妻之间的扶养关系

　　B．夫妻之间的继承关系

　　C．夫妻之间的债务承担关系

　　D．夫妻之间对子女的监护关系

28. 下列属于我国《婚姻法》规定的父母子女关系的有（　　）。

　　A．非婚生子女与生父母的关系

　　B．养子女与养父母的关系

　　C．生父母与送人收养的子女的关系

　　D．受继父或继母抚养的继子女与继父母的关系

29. 在我国，离婚的方式有（　　）。

　　A．协议离婚　　B．诉讼离婚　　C．仲裁离婚　　D．宗教离婚

30. 协议离婚的前提条件是（　　）。

　　A．男女双方自愿离婚　　　　B．对子女抚养达成协议

　　C．对财产分割达成协议　　　D．家庭对外无负债

31. 当夫妻一方有下列过错而导致离婚的，无过错方有权请求损害赔偿的有（　　）。

　　A．重婚的　　　　　　　　　B．有配偶者与他人同居的

　　C．实施家庭暴力的　　　　　D．虐待、遗弃家庭成员的

32. 下列选项，属于我国《继承法》所规定的继承方式的有（　　）。

A. 法定继承 B. 遗嘱继承
C. 遗赠 D. 遗赠扶养协议

33. 根据我国《继承法》的规定，下列属于第一顺序继承人的有（ ）。

A. 配偶 B. 父母
C. 子女 D. 兄弟姐妹

34. 根据我国《继承法》的规定，下列属于第二顺序继承人的有（ ）。

A. 兄弟姐妹 B. 孙子女 C. 祖父母 D. 外祖父母

35. 个人品德的主要特征有（ ）。

A. 实践性 B. 综合性 C. 稳定性 D. 永恒性

36. 下列关于个人品德的功能和作用表述正确的有（ ）。

A. 个人品德对社会道德的发展变革产生重要的推动作用

B. 社会道德要求只有同个人品德相结合，才会转变为现实的道德力量

C. 个人品德是经济社会发展进程中重要的主体精神力量

D. 个人品德是个人实现自我完善的内在根据

37. 加强道德修养，应借鉴历史上思想家们所提出的积极有效的道德修养方法有（ ）。

A. 无为而治 B. 学思并重
C. 省察克治，慎独自律 D. 积善成德，知行统一

38. 下列符合法律思维特征的有（ ）。

A. 讲法律 B. 讲证据 C. 讲程序 D. 讲法理

三、简答题

1. 简述我国《治安管理处罚法》的基本原则。
2. 简述我国《环境保护法》的基本原则。
3. 简述我国《维护互联网安全的决定》的基本原则。
4. 简述我国《劳动法》的基本原则。

5. 简述结婚的实体条件。
6. 简述我国的法定继承的概念及顺序。
7. 简述法律思维的特征。

四、分析题（要求结合所学知识分析材料回答问题）

1. （2010年研究生入学考试题）交通环境是由人、车、路构成的公共生活之一，目前，我国机动车拥有量已超过1.78亿辆，拥有驾照的公民已超过1.3亿人。由此带来一系列的交通安全问题，引发社会公众强烈反响。

下列是有关交通问题的一些调查数据：

《人民日报》关于不文明开车行为及其原因的调查

个人反感的不文明开车行为		不文明开车的原因
斑马线不减速让行 2156 票	乱停车挡道 1687 票	司机素质普遍有待提高 2269 票
夜间会车不关远光灯 2045 票	胡乱鸣笛 1412 票	跟风，随大流 1469 票
"加塞儿"，并线不打灯 1928 票	司机出口成"脏" 1076 票	行人不文明导致司机不文明 757 票
雨天不减速水溅路人 1902 票	抢黄灯 944 票	因车多路堵无法文明驾驶 464 票

某市交管局一年中查处交通违章的数据统计

全年查处交通违章总数	207 万起	比例：100%
其中：机动车违章	112.2 万起	54.2%
非机动车违章	80.5 万起	38.9%
行人违章	14.3 万起	6.9%

有专家指出，道路交通上普遍存在的交通不文明现象看似个人的私事，但却折射出某些公民在公共生活领域社会公德和法律意识的缺失。要构建文明出行风尚，既是道德呼唤，也是法律要求。

回答问题：

（1）为什么文明出行"既是道德呼唤，也是法律要求"？

（2）我们应如何从自身做起，构建文明的公共生活秩序？

2. 材料一:"到此一游"这一"文化"发展到现今,寄托情怀已不再重要,重要的是某人"到此一游",并逐渐成为一个令人头疼的问题。在中国大大小小的旅游景点,以各种方式在各种材质上留下"到此一游"的现象可谓屡见不鲜,长城有,故宫有,泰山有,甚至某棵树上都有,更甚者在国内屡见不鲜的"到此一游",居然还出现在外国著名建筑上。2013年5月24网络爆出在埃及卢克索神庙的浮雕上出现了"丁**到此一游",针对此事件再度引发舆论对"公民素质"的讨伐。

材料二:2013年10月1日,11万人天安门冒雨看升旗,结束后满地垃圾。150名保洁员人手一把扫帚,2辆清扫车,2辆垃圾收集车,以"拉网式"的排兵布阵,用了30分钟才全部清除。初步估计,清扫的垃圾多达5吨左右。

(1) 我国社会主义公德的内容主要包括哪些?

(2) 材料中的现象体现了哪些社会公德内容的缺失?

3. 2012年5月8日晚,在黑龙江省佳木斯市,正当佳木斯市第十九中学一群学生准备过马路时,一辆客车突然失控冲了过来,与前方停在路边的另一辆客车追尾相撞,被撞客车猛力冲向正要过马路的学生。危险瞬间,本可以躲开逃生的女教师张丽莉,奋不顾身去救学生,自己被卷入车轮下,双腿粉碎性骨折,高位截肢。"丽莉在生命垂危的时候,还惦记着她的学生。"哈尔滨医科大学附属第一医院ICU主任赵鸣雁说,"张丽莉昏迷多天后,醒来的第一句话是那几个孩子没事吧!"张丽莉的事迹迅速传遍佳木斯市、黑龙江省、全国各地,她的伤情也牵动着人们的心,人们通过各种方式为这位"最美女教师"祈祷、祝福。

(1) 结合最美女教师的事迹,谈谈他们所体现的公民道德素质和职业道德精神?

(2) 交通风险,威胁着人们的生命与健康,我国《道路交通安全法》的立法目的和原则是什么?

4. 材料一:"巨人教育真是很奇怪,优秀的曹菊只能说拜拜。什么样的条件是你们期待,为啥只有男性能得到青睐……"。

今天，在北京市海淀区海淀南路30号院"巨人教育"楼前，刚刚本科毕业的中山大学女生郑楚然跟其他9个女孩，一边唱着改编后的《最炫民族风》，一边跳着舞，以行为艺术的方式抗议巨人教育集团因性别原因拒绝将某些工作岗位面向女生开放。

在她们旁边，还有跟她们一起同来的人高举着"巨人矮人皆能建丰功，男性女性均可成大业"，横批为"平等就业"的对联。

据活动的发起人李橙介绍，10个女生，来自广西、广东、河南等地，因曹菊起诉巨人教育集团性别歧视聚集北京，这些女生最小的19岁，最大的27岁，她们中间的很多人自身或朋友亲人，都遭遇过性别歧视。

"我们要以自己的行动支援曹菊，同时唤醒社会对平等就业的关注。"李橙说。

她们声援的曹菊，在此前的7月11日，将巨人教育集团投诉到北京市海淀区人力资源和社会保障局，同时以"平等就业权被侵害"为由向海淀区法院提起诉讼，理由是这家单位的职位上注明只招男性。

中国政法大学宪政研究所的负责人刘小楠副教授表示，这可能是《就业促进法》2008年生效后大学生求职中全国性别就业歧视第一案。

(摘自《中国青年报》2012年07月25日)

材料二：当别的大学生在愁工作的时候，苏州大学文正学院大三女生陆颖颖，已经靠着独特的商业眼光，华丽转身为"白富美"。短短1年多时间，她网上卖面膜，月入近4万元，被大伙儿亲切地封为"面膜姐"。"我本身就是学市场营销的，也算学以致用吧。"陆颖颖告诉《现代快报》记者，刚开始，她从网上淘了几款面膜，发觉效果不错，同时，她看到了商机，"面膜是易耗品，一片只能使用一次，占所有化妆品销售的14%-16%，很有市场。"去年5月份，陆颖颖揣着500块钱，在网上卖起面膜，经过一段时间迅速发展后，每月的盈利在6000元左右。"零售有瓶颈期，没多大发展空间了。"经过一番思考，陆颖颖做起面膜代理批发。今年暑假，她忙着向厂家申请代理资格，并进行招收和培训代理。眼下,陆颖颖每天能卖面膜上千片。手下代理有100多名,遍布全国各地。7月份净利1.6万,8月则高达4万元,目前已攒下近10万元积蓄。

(摘自《现代快报》2013年09月24日)

(1)当前就业市场上存在对女性的歧视问题,我国宪法和劳动法对女性平等就业提供了哪些法律保障?

(2)当代大学生应当确立怎样的创业观?

5. 秦玥飞,男,1985年出生,汉族,本科学历,现任衡山县贺家乡贺家山村大学生村官,衡山县第十二届人民代表大会代表。

秦玥飞同志扎根基层,甘于奉献,兢兢业业,在大学生村官这一最基层的岗位上做出了较突出的业绩。他2010年获得耶鲁大学文科学士学位,品学兼优,完全有机会在美国找到一个合适的工作,但他放弃了在美国谋职的机会,经中国驻纽约总领事馆的介绍,通过严格考核,成为衡山县贺家乡贺家山村大学生村官,是全国首位从世界名校毕业回国服务的大学生村官。担任村官以来,他工作任劳任怨,格外勤奋,为村、乡里的农民、学生、教师、孤寡老人等日益操劳。2012年10月,他以高票当选为衡山县第十二届人大代表,是全国首位在基层直选中当选人大代表的留学归国人员。

(《最美村官:秦玥飞》,摘自湖南省政府门户网)

(1)当代大学生应当确立怎样的择业观?

(2)如何"在艰苦中锻炼,在实践中成才"?

(3)如何在实践中创造有价值的人生?

【答案及解析】

一、单项选择题

1. D【解析】本题考查公共秩序的种类。主要包括工作秩序、教学秩序、营业秩序、交通秩序、娱乐秩序、网络秩序等。其中网络秩序是信息时代的主要表现,故最能体现时代特色。

2. B【解析】本题考查社会公德的特征。社会公德具有广泛性的特点。社会公德是全体社会成员都必须遵守的道德规范，具有最广泛的群众基础和适用范围。任何一个社会成员，无论具有何种身份、职业和地位，都必须在公共生活中遵守社会公德。

3．D【解析】本题考查社会公德的内容及各自的定位。遵纪守法是社会公德最基本的要求，是维护公共生活秩序的重要条件。在社会生活中，每个社会成员既要遵守国家颁布的有关法律、法规，也要遵守特定公共场所和单位的有关纪律规定。ABCD 四个选项皆为社会公德的内容，但只有 D 选项符合题意。

4．C【解析】本题考查我国《集会游行示威法》的原则。我国《集会游行示威法》的三大原则分别是（1）政府依法保障原则：对公民行使集会、游行、示威的权利，各级人民政府应当依法予以保障。（2）权利义务一致原则：公民在行使集会、游行、示威权利的时候，必须遵守宪法和法律，不得反对宪法所确定的基本原则，不得损害国家、社会、集体的利益和其他公民的合法的自由和权利。（3）和平进行原则：集会、游行、示威应当和平进行，不得携带武器、管制刀具和爆炸物，不得使用暴力或煽动使用暴力。本题考查的是 C 选项权利义务一致原则。注意该原则内涵与和平进行原则的区分。

5．A【解析】本题考查社会主义职业道德的内容。爱岗敬业所表达的最基本的道德要求是：干一行爱一行，爱一行钻一行，精益求精，尽职尽责，"以辛勤劳动为荣、以好逸恶劳为耻"。这是爱岗敬业所表达的最基本的道德要求。ABCD 选项皆为社会主义职业道德的内容。但只有 A 符合题意要求。

6．D【解析】本题考查社会主义职业道德的内容。奉献社会，就是要求从业人员在自己的工作岗位上树立奉献社会的职业精神，并通过兢兢业业的工作，自觉为社会和他人作贡献。这是社会主义职业道德中最高层次的要求，体现了社会主义职业道德的最高目标指向。爱岗敬业、诚实守信、办事公道、服务群众，都体现了奉献社会的精神。

7．B【解析】本题考查对我国《劳动法》基本原则的理解。ABCD 选项皆为我国《劳动法》的基本原则。本题考查对 B 选项"劳动行为自主与劳动标准制约相结合的原则"内涵的理解。

8．C【解析】劳动争议发生后，当事人可以协商解决，也可以依法申请调解、仲裁、提起诉讼。首先，当事人可以协商解决劳动争议，但协商不是处理劳动争议的必经程序，不愿协商的，可以申请调解。可见，在提起劳动争议诉讼之前，必须经历的劳动争议程序是劳动调解。

9．C【解析】本题考查劳动仲裁裁决的执行问题。一方当事人在法定期限内（15日内）不起诉，则劳动仲裁裁决发生法律效力，即具备执行力，另一方当事人可以申请人民法院强制执行。A、B选项实质上否认了生效裁决的效力。D选项中的仲裁委员会不具备强制执行的能力。

10．B【解析】本题逆向思维考查《劳动法》的主要内容。《劳动法》是我国第一部关于保护劳动者合法权益、调整劳动关系的重要法律。ACD选项是法律部门的概念，各自包含若干部法律，而非一部法律。故明显可以排除。B选项劳动法，是一部法律，隶属于社会法法律部门。

11．B【解析】本题考查婚姻家庭的属性。婚姻家庭关系是特定的人与人之间的特殊关系，具有自然属性和社会属性两种属性，自然属性仅是婚姻家庭得以形成和发展的前提条件，社会属性才是婚姻家庭的本质所在。CD选项不属于家庭的属性。

12．B【解析】本题考查家庭美德和婚姻法原则两个知识点的重合。我国家庭美德的内容包括：尊老爱幼、男女平等、夫妻和睦、勤俭持家、邻里团结。我国《婚姻法》的基本原则包括：婚姻自由；一夫一妻；男女平等；保护妇女、老人和儿童的合法权益；实行计划生育；夫妻互相忠实、互相尊重，家庭成员间敬老爱幼、互相帮助。两者都包含了B选项"男女平等"。男女平等是我国重要的法律原则和道德规范，也是我国的基本国策。家庭生活中的男女平等既表现为夫妻权利和义务上的平等、人格地位上的平等，又表现为平等地对待自己的子女。家庭关系中的平等主要是人格平等，是权利和义务的平等，并不是要否定自然的伦常秩序。

13．C【解析】本题考查我国结婚的法定年龄。《婚姻法》规定，结婚年龄，男不得早于22周岁，女不得早于20周岁。晚婚晚育应予鼓励。故C选项正确。A选项18周岁是成年及完全民事行为能力的起始年龄。B选项20周岁是女性结婚的最低年龄。D选项25周岁为干扰项。

14．B【解析】本题考查家庭关系中的父母子女关系。父母对未成年子女有抚养教育的义务，有管教和保护未成年子女的权利和义务，同时是未成年子女的法定代理人和监护人。子女对父母有赡养扶助的义务，即经济上的必要帮助和精神上的关心照顾，这种义务是无条件的。父母与子女间有相互继承遗产的权利。此外，非婚生子女与生父母的关系、受继父或继母抚养的继子女与继父母的关系、养子女与养父母的关系，与婚生子女与父母的关系相同。A选项赡养是子女对父母的义务。C选项扶养是夫妻之间的义务。D选项为干扰项。

15．C【解析】离婚只是从法律上解除了夫妻关系，父母与子女的血亲关系并不因此而消除，故离婚后父母对子女仍有抚养和教育的权利和义务。

16．C【解析】本题考查离婚过程赔偿制度。当夫妻一方有过错而导致离婚的，无过错方有权请求损害赔偿。ABD选项均无法律依据。

17．C【解析】本题考查遗赠的概念，为2013版教材新增内容。AB选项都是将财产遗留给法定继承人以内的人，CD选项都是将财产遗留给法定继承人以外的人。CD选项的区别在于，遗赠是无条件的，而遗赠扶养协议是将扶养义务作为继承条件的。

二、多项选择题

1．ABCD【解析】本题考查当代公共生活的特征。当代社会公共生活的特征主要表现在以下几个方面：第一，活动范围的广泛性。经济社会的发展，使公共生活的场所和领域不断扩展，特别是网络使人们的公共生活进一步扩展到虚拟世界。第二，活动内容的公开性。公共生活是社会生活中最普遍、最基本的公众性生活，它能为社会全体成员所享有，不具有排他性，它涉及的内容是公开的，没有秘密可言。第三，交往对象的复杂性。公共生活领域更像一个"陌生人社会"，增加了人际交往信息的不对称性和行为后果的不可预期性，从而造成了交往对象的复杂性。第四，活动方式的多样性。当代社会的发展使人们的生活方式发生了新的变化，也极大地丰富了人们公共生活的内容和方式。本题根据选项词义也能够判断 ABCD 皆为正确选项。

2. ABCD【解析】本题考查维护公共秩序对经济社会健康发展的重要意义。本题根据正统性判断，或者褒义词贬义词的判断，就知道 ABCD 选项皆为正确表述、正确选项。

3. AC【解析】本题考查现代社会维护公共生活秩序的基本手段。在原始社会，原始人主要以图腾崇拜、禁忌、风俗等形式作为共同生活中必须遵守的规则。进入阶级社会以后，维护公共秩序的基本手段有了进一步发展。一方面，一些在长期公共生活中形成的、得到社会成员广泛认可的规范以民间风俗、礼仪和宗教教规、戒律等形式继续发挥着作用；另一方面，一些公共生活中的基本秩序及其规范开始以成文法的形式出现，以强制的方式对人们在公共生活中的行为作出限制和规定，以维护社会的正常运行。道德和法律逐渐成为建立和维护社会秩序的两种基本手段。BD 选项可以作为维护公共生活秩序的手段，但并非现代社会中维护公共生活秩序的基本手段。

4. ACD【解析】本题考查社会公德的内容。在社会主义现代化建设的进程中，包括大学生在内的每一个社会成员，都应遵守以"文明礼貌、助人为乐、爱护公物、保护环境、遵纪守法"为主要内容的社会公德。选项 B 尊老爱幼是家庭美德的主要内容之一，与题意不符。D 选项遵纪守法容易漏选，请考生注意。

5. CD【解析】本题考查社会公德内涵的分类或定位。《公民道德建设实施纲要》明确指出，社会公德"涵盖了人与人、人与社会、人与自然之间的关系"。在人与人之间关系的层面上，社会公德主要体现为举止文明、尊重他人；在人与社会之间关系的层面上，社会公德主要体现为爱护公物、维护公共秩序；在人与自然之间关系的层面上，社会公德主要体现为热爱自然、保护环境。

6．AD【解析】本题考查社会公德内涵的分类或定位。解析参见上题。

7．ACD【解析】本题考查我国治安管理处罚的种类。我国治安处罚种类包括：警告、罚款、行政拘留、吊销公安机关发放的许可证、限期出境或者驱逐出境（对违反《治安管理处罚法》规定的外国人适用）等。B选项的罚金是刑罚处罚种类。考生要注意区分行政处罚、刑事处罚以及刑事强制措施的区分。

8．ABC【解析】本题貌似从应用角度考查违反治安处罚的行为，实则可由治安管理处罚种类进行反推，即考查行政处罚的种类。警告、罚款、限制出境都是治安管理处罚措施，因此ABC项都属于违反治安管理处罚的行为。而D选项的刑事拘留属于刑事强制措施，已经涉嫌犯罪了，因此该行为不属于违反治安处罚的行为。

9．ABD【解析】本题考查行政处罚的救济程序。被处罚人对治安管理处罚决定不服的，可以依法申请行政复议或者提起行政诉讼。被处罚人不服行政拘留处罚决定，申请行政复议、提起行政诉讼的，可以向公安机关提出暂缓执行的申请，在提供担保的情况下经批准可以暂缓执行。但是C选项据理力争，拒不执行错误的治安管理处罚的做法，不符合行政行为的公定力原则的要求，因此是错误的。

10．ACD【解析】本题考查我国《集会游行示威法》基本原则，具体解析参见本章单项选择题第4题。B项为严打政策，属于干扰项。

11．ABCD【解析】本题考查我国《环境保护法》的基本原则，包括经济建设与环境保护协调发展的原则；预防为主、防治结合、综合整治的原则；谁污染谁治理原则、谁开发谁保护原则。CD选项是对一个原则的拆分。

12．ABD【解析】本题考查我国《维护互联网安全的决定》的基本原则。具体包括以下三项原则：（1）促进网络发展与加强监管相结合的原则。制定和实施网络法律规范的目的是维护和促进网络的健康发展。监管网络上各种活动、制裁网络上的不法行为，不应最终束缚信息网络的发展。(2) 信息自由与社会公共利益有机结合的原则。从充分发挥信息网络功能出发,从社会公共利益出发,对网络上的自由进行必要的限制。(3) 与现代网络发展相适应、与传统法律规范相协调的原则。网络法律规范的制定和实施既要针对网络的特点作出新的规定,又必须与传统法律规范相协调。本部分内容可以与网络道德结合考查分析题。C 选项中的政府监管与市场自律相结合可以包含于其他的三项原则之中。

13. ABD【解析】本题考查我国社会主义职业道德的内涵。职业道德就是从事特定职业的人在职业活动中应当遵循的具有职业特征的特殊道德要求。社会主义的职业道德继承了传统职业道德的优秀成分,体现了社会主义职业的基本特征,具有崭新的内涵,包括:爱岗敬业、诚实守信、办事公道、服务群众、奉献社会。选项 C 属于职业技术层面,脱离了题意要求的道德范畴。

14. ABD【解析】本题考查调整职业活动的法律。ABD 项涉及不同的职业领域,比较直观。C 选项与职业无关,隶属于民法法律部门,是干扰项。

15. ABC【解析】本题考查了我国劳动者的权利。我国《劳动法》规定了劳动者非常广泛的权利,包括:平等就业和选择职业的权利,取得劳动报酬的权利,休息休假的权利,获得劳动安全卫生保护的权利,接受职业技能培训的权利,享受社会保险和福利的权利,提请劳动争议处理的权利。但没有罢工权。

16. ABCD【解析】本题考查我国《劳动法》的基本原则。我国劳动法包含了四大原则。(1) 维护劳动者合法权益与兼顾用人单位利益相结合的原则。维护劳动者的合法权益是劳动法的立法宗旨。(2) 按劳分配与公平救助相结合的原则。公平救助原则的实现以按劳分配原则的贯彻为基础,只有真正贯彻按劳分配原则,调动劳动者的劳动积极性,创造出更多、更丰富的物质财富,才能使公平救助原则得到充分体现。(3) 劳动者平等竞争与特殊劳动保护相结合的原则。在坚持劳动者平等竞争原则的同时,也注重对特殊劳动者的劳动保护,使他们真正与其他劳动者处于平等的法律地位。(4) 劳动行为自主与劳动标准制约相结合的原则。用人单位与劳动者签订劳动合同，确立劳动关系之后，用人单位享有法律赋予的劳动管理权、劳动力分配自主权等。同时，国家制定劳动标准，明确规定劳动的基本条件，以制约用人单位的行为，保护劳动者的合法权益。ABCD 选项体现了我国《劳动法》的四大基本原则。其实四个原则最终都体现了对劳动者的保护。

17．ABD【解析】本题考查我国《劳动合同法》的规定。为 2013 版教材新增内容。C 选项错误，集体合同不能代替劳动合同，劳动者个人与企业建立劳动关系必须另订劳动合同。其余 ABD 选项均为正确表述。

18．ABC【解析】本题考查《就业促进法》的指导方针。为官方教材 2013 版新增内容。ABC 三个选项相辅相成，均为正确选项。D 选项的错误在于，政府可以促进就业，但是不能保证就业，否则就又回到计划经济时代了。

19．ABCD【解析】本题考查劳动争议的解决途径。ABCD 选项概括了劳动争议解决的所有途径。其中只有 C 选项劳动仲裁是提起劳动争议诉讼的必经前置程序。

20．ABD【解析】本题考查大学生的择业观。对于大学生来说，树立正确的择业观，做到以下几点是十分必要的：第一，树立崇高职业理想，重视人生价值实现。职业活动是人谋生的方式和手段，但职业对于个人来说并非只有工具的意义，它还具有目的性，即它是个人奉献社会、完善自身的必要条件。树立崇高的职业理想，不仅是为了拓展职业的价值领域，更是为了提升人生观、价值观的境界。第二，服从社会需要，追求长远利益。大学生在就业问题上要更多地考虑到社会的需要，把自己对职业的期望与社会的需要统一起来，着眼现实，面向未来，既不好高骛远，也不消极被动，以积极主动的态度面对就业问题。第三，打下坚实基础，做好充分准备。打牢专业基础，锻炼能力，提高素质，完善自我。机会总是垂青于有所准备的人。一个人有了真才实学，能够适应多种岗位，就更有利于自己的就业。C 选项错误,择业时个人理想应该符合社会理想,而且不能仅仅关注物质利益的满足。通过与 D 选项的逻辑对比,也知道该选项为干扰项。本题可结合材料考查分析题。

21．ABC【解析】本题考查大学生的创业观。要树立正确的创业观,第一,要有积极创业的思想准备。择业是起点,创业是追求。创业是拓展职业生活的关键环节。第二,要有敢于创业的勇气。创业艰苦磨难多。因此,只有创业的思想准备是不够的,还需要创业勇气,有勇气者才敢于创业、善于创业和成功创业。勇于创业已经成为高等教育培养人才的一个目标。第三,要提高创业的能力。创业需要勇气,但需要的是智勇,而不是蛮干。大学生在创业的问题上除了要具有立足创业、勇于创业的思想准备之外,还要努力提高自己的创业能力。D 选项错误,要打破"学历本位"的观念,树立"能力本位"的意识,努力提高自主创业的能力。本题可结合材料考查分析题。

22．ABC【解析】本题考查恋爱中的道德要求。恋爱中的道德要求主要体现在如下几个方面:首先,尊重人格平等。恋人间彼此尊重人格的表现,主要是尊重对方的独立性和重视双方的平等。其次,自觉承担责任。自愿地为对方承担责任,是爱情本质的体现。最后,文明相亲相爱。文明的恋爱往往是恋爱双方既相互爱慕、亲近,又举止得体,相互尊重,而绝不是在态度、举止、语言等方面的粗俗和放纵。D 选项是家庭美德的范畴,是恋爱的后一阶段——婚姻家庭道德的内容,而非恋爱道德的内容之一。

23．AB【解析】本题考查家庭的属性。婚姻家庭的两重属性分别是自然属性和社会属性,其中前者是婚姻家庭形成的前提。而后者才是婚姻家庭的本质属性。

24．ABCD【解析】本题考查我国《婚姻法》的基本原则。我国婚姻法规定了六项基本原则,ABCD 选项中列举了四项。其余两项是:一夫一妻制原则;夫妻互相忠实、互相尊重,家庭成员间敬老爱幼、互相帮助原则。

25．ABC【解析】本题考查结婚的条件。结婚是指男女双方依照法律规定的条件和程序，确立夫妻关系的法律行为。结婚的法定条件分为必备条件和禁止条件。结婚必须具备的三个条件是男女双方完全自愿，达到法定年龄，符合一夫一妻制。法律还规定，禁止患有医学上认为不应当结婚的疾病的人结婚。但是没有不应当结婚的疾病，也并不意味着身体健康，比如一方患重感冒，不能说是身体健康，但也不影响结婚。故 D 选项错误。

26. AC【解析】本题考查对禁止性结婚条件的理解应用。法律规定：禁止直系血亲和三代以内旁系血亲结婚；禁止患有医学上认为不应当结婚的疾病的人结婚。A 选项属于三代以内旁系血亲，禁止结婚。C 选项属于患有不宜结婚的疾病，禁止结婚。B 选项中的"远房表亲"肯定已经超出三代，故不属于禁止结婚的情形。D 选项中的年龄差距，不是影响结婚的条件。

27. ABC【解析】本题考查夫妻关系。夫妻关系包括人身关系和财产关系两个方面。夫妻间的人身关系，是指夫妻双方与其人身不可分离而没有直接经济内容的在人格、身份、地位以及生育等方面的权利与义务关系。夫妻间的财产关系，是指夫妻双方在财产、扶养和继承等方面的权利与义务关系。夫妻可以约定婚姻关系存续期间的财产以及婚前财产所有形式。D 选项属于父母子女关系（亲子关系）的范畴，而不属于夫妻关系，更不属于夫妻财产关系的范畴。其余选项均为夫妻之间的财产关系。

28. ABD【解析】本题考查父母子女关系。父母与非婚生子女、养子女的关系，按照法律规定，与我们观念中"典型"的亲子关系没有区别。继父母与继子女之间的父母子女关系是有条件的，即必须有抚养关系，才能成立，否则不具备父母子女关系。养子女和养父母之间因收养而成立父母子女关系后，与生父母在法律上不再具有父母子女关系。故 C 选项错误。

29. AB【解析】本题考查我国的离婚方式。我国法定的离婚方式只有协议离婚和诉讼离婚两种。没有仲裁离婚的形式。宗教离婚是干扰项，很容易排除。

30．ABC【解析】本题考查协议离婚的要件。协议离婚的三个核心问题就是离婚意愿问题、财产分割问题和子女抚养问题。家庭债务是隶属于财产分割的问题，负债本身不能阻止离婚。

31．ABCD【解析】本题考查我国的离婚过错赔偿制度。ABCD选项列出的是适用离婚过程赔偿制度的四种类型。

32．ABCD【解析】本题考查我国《继承法》的规定。为2013版教材新增内容。AB两个选项是被继承人将自己的财产遗留给法定继承人以内的人。CD选项是被继承人通过遗嘱的形式将自己的财产遗留给法定继承人以外的，其中D选项是将扶养义务作为继承条件的。

33．ABC【解析】本题考查我国继承法的法定继承顺序。为2013版教材新增内容。D选项为第二顺序继承人。

34．ACD【解析】本题考查我国继承法的法定继承顺序。为2013版教材新增内容。C选项中的孙子女，不在继承人范围之内，如果继承人先于被继承人死亡的，可以由他的晚辈直系血亲代位继承，但这仅仅的"代位"，晚辈直系血亲不能直接作为继承人理解，而且代位继承在教材中没有介绍，属于超纲内容。

35．ABC【解析】本题考查个人品德的特征。个人品德具有实践性、综合性、稳定性的特征。其一，实践性。个人品德是个人在社会实践中锤炼而成的一种特殊品性，它是社会道德要求的内化或体现，反映着现实生活的内容，展示着现实社会的道德风尚。其二，综合性。个人品德是个人的道德认识、道德情感、道德意志、道德信念、道德行为的综合体现。其三，稳定性。个人品德一经形成，就会长时间地影响人的知、情、意、行各个方面，使人形成一定的道德思维或评价"定势"、道德意志力和道德行为习惯。稳定性并不等于永恒性，人的品德还是可以改变的，故D选项错误。

36．ABCD【解析】本题考查个人品德的功能和作用。个人品德的作用主要表现为以下三个方面：

（1）个人品德对道德和法律作用的发挥具有重要的推动作用。社会道德和法律要求只有内化为个人品德，才能成为现实的规范力量。

同时，个人品德提升的过程也是能动地作用于社会道德和法律的过程，它能够为社会道德和法律的发展进步创造条件、提供动力。

（2）个人品德是个人实现自我完善的内在根据。个人在行为过程中整合行为动机、确定行为目标、自觉调控行为过程等都是个人品德功能和作用的体现。

（3）个人品德是经济社会发展进程中重要的主体精神力量。作为劳动主体的人，是经济社会发展的核心动力，而个人品德是决定人的综合素质的核心要素。B选项是对A项的注解。ACD选项是个人品德的功能和作用的三大表现。

37．BCD【解析】本题考查加强道德修养的方法。加强道德修养，还应借鉴历史上思想家们所提出的各种积极有效的道德修养方法，结合当今社会发展的需要和当代人道德修养的实践经验，采取一些行之有效的方法来进行道德修养。选项A无为而治出自《论语·卫灵公》，原指舜当政的时候，沿袭尧的主张，不做丝毫改变，后泛指以德化民，与题意不符。

38．ABCD【解析】本题考查法律思维的四大特征。即ABCD四个选项的内容。尽管四个选项的内容在逻辑上存在一定的交叉关系，但这是现行教材提供的答案。应当牢记。

三、简答题答案要点

1．（1）治安管理处罚必须以事实为依据，与违反治安管理行为的性质、情节以及社会危害程度相当。

（2）实施治安管理处罚，应当公开、公正，尊重和保障人权，保护公民的人格尊严。

（3）办理治安案件应当坚持教育与处罚相结合的原则。

2．（1）经济建设与环境保护协调发展原则。国家将环境保护纳入国民经济和社会发展规划，并采取有利于保护环境的经济、技术政策和措施，保证环境保护与经济、社会发展相协调。

（2）预防为主、防治结合、综合整治原则。国家在环境保护工作中，采取各种预防措施，防止开发建设产生新的环境污染和破坏，对已造成的环境污染和破坏要积极治理。

（3）谁污染谁治理、谁开发谁保护原则。明确规定环境污染和破坏者的责任，将环境保护与人们的经济利益和其他利益联系起来。

3.（1）促进网络发展与加强监管相结合的原则。制定和实施网络法律规范的目的是维护和促进网络的健康发展。监管网络上各种活动、制裁网络上的不法行为，不应最终束缚信息网络的发展。

（2）信息自由与社会公共利益有机结合的原则。从充分发挥信息网络功能出发，从社会公共利益出发，对网络上的自由进行必要的限制。

（3）与现代网络发展相适应、与传统法律规范相协调的原则。网络法律规范的制定和实施既要针对网络的特点作出新的规定，又必须与传统法律规范相协调。

4.（1）维护劳动者合法权益与兼顾用人单位利益相结合的原则。

（2）按劳分配与公平救助相结合的原则。

（3）劳动者平等竞争与特殊劳动保护相结合的原则。

（4）劳动行为自主与劳动标准制约相结合的原则。

5.（1）结婚的必备条件有三个：

①必须男女双方完全自愿。这是婚姻自由原则的必然要求，目的是维护公民的婚姻自主权。

②必须达到法定婚龄。婚姻法规定，结婚年龄，男不得早于22周岁，女不得早于20周岁。晚婚晚育应予鼓励。

③必须符合一夫一妻制。婚姻当事人只有各自在未婚、离婚或丧偶的情况下才能结婚。有配偶而与他人结婚或明知他人有配偶而与之结婚的行为构成重婚罪，要承担法律责任。

（2）结婚的禁止条件：

①禁止直系血亲和三代以内旁系血亲结婚。

②禁止患有医学上认为不应当结婚的疾病的人结婚。

6. 法定继承是指由法律直接规定继承人的范围、继承顺序、遗产分配原则的财产继承制度。

第一顺序继承人为配偶、子女和父母；

第二顺序继承人为兄弟姐妹、祖父母、外祖父母。

7. 法律思维具有以下特征：

（1）讲法律。思考与处理涉及法律的社会问题，要以法律为准绳。

（2）讲证据。思考与处理涉及法律的社会问题，要以证据为根据，要抓住两个关键问题：一是查清案件事实，二是正确适用法律。

（3）讲程序。思考与处理法律问题，要从法律程序出发。程序问题在法律领域居于非常重要的地位。

（4）讲法理。思考与处理涉及法律的社会问题，要运用法律原理和精神。法律思维的任务不仅是获得处理法律问题的结论，而且要为法律结论提供充分的法律论证与法律理由。

四、分析题答案要点

1.（1）文明出行是现代社会公共生活的重要内容，随着社会的进步，公共生活领域的范围逐渐扩大。公共生活需要公共秩序。维护公共秩序对经济社会健康发展、保障人民生活质量与安全具有重要意义。建立和维护社会秩序需要道德和法律两种手段。两者发挥作用的方式有所不同，但互为补充，相辅相成。

（2）构建文明的公共生活秩序，需要增强社会公德意识和法律意识，养成遵守社会公德和遵纪守法的良好行为习惯，学习和把握公共生活中的道德与法律规范，提升自身文明素质。

2.（1）根据我国《公民道德建设实施纲要》的要求，我国社会主义公德的内容主要包括文明礼貌、助人为乐、爱护公物、保护环境、遵纪守法等内容。

（2）材料中的报道主要体现了爱护公物、保护环境和遵纪守法公德观念的缺失。

①爱护公物。对社会共同劳动成果的珍惜和爱护，是每个公民应该承担的社会责任和义务，它既显示出个人的道德修养水平，也是整个社会文明程度的重要标志。随着社会现代化程度的日益提高，社会

的公用设施得到妥善保护并保持良好状态，是使公共生活有序进行的基本保证，也有利于每个人的工作和生活。

②保护环境。保护环境也包括保护文物资源、文化资源、社会管理资源等人文环境。热爱自然、保护环境是当今时代社会公德的重要内容。从根本上说，它是对全人类的生存发展利益的维护，也是对子孙后代应尽的责任。

③遵纪守法。遵纪守法是社会公德最基本的要求，是维护公共生活秩序的重要条件。遵纪守法的实践是提高人们社会公德水平的一个重要途径。在社会生活中，每个社会成员既要遵守国家颁布的有关法律、法规，也要遵守特定公共场所和单位的有关纪律规定。禁止乱涂乱划是公共场所的纪律规定，大家都须遵守。

3.（1）最美女教师面对迎面撞来的大巴，推开学生舍己救人，体现了敬业奉献的公民道德要求和爱岗敬业、服务群众、奉献社会的社会主义职业道德精神。体现出忠于职守、克己奉公、服务社会公民基本道德要求，他们敬重自己所从事的职业，勤奋努力，尽职尽责，自觉为社会和他人作贡献。而奉献社会是社会主义职业道德中最高层次的要求，体现了社会主义职业道德的最高目标指向。他们为社会树立的道德榜样，值得我们去敬仰和学习，敦化社会风气，弘扬道德风尚。

（2）最美女教师也是发生在公共交通领域的重大事故。加强交通安全立法意义重大。我国《道路交通安全法》的立法目的是维护道路交通秩序，预防和减少交通事故，保护人身安全，保护公民。法人和其他组织的财产安全及其他合法权益，提高通行效率。其基本原则主要有依法管理原则，和以人为本、与民方便原则。

4.（1）我国宪法规定，"中华人民共和国公民在法律面前一律平等。"平等权是指公民平等地享有权利，不受任何差别对待，要求国家给予同等保护的权利。是公民实现其他权利的前提与基础。我国宪法规定，"中华人民共和国公民有劳动的权利和义务。"我国劳动法规定劳动者有平等就业和选择职业的权利。这些都是女性平等就业的法律保障。

（2）要树立正确的创业观。应当做到以下几点：

第一，要有积极创业的思想准备。择业是起点，创业是追求。创业是拓展职业生活的关键环节。

第二，要有敢于创业的勇气。有勇气者才敢于创业、善于创业和成功创业。勇于创业已经成为高等教育培养人才的一个目标。

第三，要提高创业的能力。创业不是蛮干。大学生在创业的问题上除了要具有立足创业、勇于创业的思想准备之外，还要努力提高自己的创业的能力。

"面膜姐"创业成功，是长期准备积累的结果，是创业勇气和创业能力的体现。

5.（1）对于大学生来说，树立正确的择业观，做到以下几点是十分必要的：

第一，树立崇高职业理想，重视人生价值实现。树立崇高的职业理想，不仅是为了拓展职业的价值领域，更是为了提升人生观、价值观的境界。

第二，服从社会需要，追求长远利益。大学生在就业问题上要更多地考虑到社会的需要，把自己对职业的期望与社会的需要统一起来，着眼现实，面向未来，既不好高骛远，也不消极被动，以积极主动的态度面对就业问题。

第三，打下坚实基础，做好充分准备。机会总是垂青于有所准备的人。一个人有了真才实学，能够适应多种岗位，就更有利于自己的就业。

（2）在艰苦中锻炼，在实践中成才。

第一，在艰苦中锻炼是成才的必要条件。只有经过艰苦的锻炼方能成才，这是古往今来无数事实反复证明了的一条人才成长规律。

第二，社会实践是锻造人才的熔炉。对于大学生来说，在实践中成才的一条重要途径是把自己的择业和创业定位于到基层去、到农村去、到边疆去、到祖国最需要的地方去建功立业。

（3）美好的人生价值目标要靠社会实践才能化为现实。人生价值目标的实现是一个实践的过程,人生价值的评价就是对实践及其成果的评价。

第一,走与人民群众相结合的道路。人民群众是历史的创造者,是国家的主人。只有走与人民群众相结合的道路,向人民群众学习,从人民群众中吸取营养,做中国最广大人民的利益的维护者,才能使自己的人生大有作为。

第二,走与社会实践相结合的道路。要善于为实践而学,善于在实践中学。在当今中国,最重要的社会实践,就是全面建设小康社会、加快推进社会主义现代化、实现中华民族伟大复兴的实践。只有与时代同步伐、与祖国共命运、与人民齐奋进,才能实现最大的人生价值。

最美村官秦玥飞就是具有崇高的职业理想,走群众路线,在实践中实现人生价值实现的典范,也是在艰苦中锻炼,在实践中成才的典范。

试卷一

一、单项选择题

1. 中华民族的民族精神具有丰富的内涵,其中居于核心地位的是( )。

   A. 爱国主义　　B. 团结统一　　C. 爱好和平　　D. 自强不息

2. 国家安全一般是指一个不受内部和外部的威胁、破坏而保持稳定有序的状态。其中国家的领土、领海和领空不受外来军事威胁或侵犯的安全,指的是( )。

   A. 政治安全　　B. 国防安全　　C. 生态安全　　D. 经济安全

3. 下列选项属于人生观的核心是( )。

   A. 人生态度　　B. 人生意义　　C. 人生价值　　D. 人生目的

4. 衡量一个人社会价值的标准是( )。

   A. 对社会和他人所作的贡献

   B. 对自我理想实现的程度

   C. 对社会理想实现的程度

   D. 对自身物质和精神需要的满足程度

5. 社会主义道德建设的原则是( )。

   A. 爱国主义　　B. 集体主义　　C. 民族主义　　D. 人本主义

6. 2001年中共中央印发的《公民道德建设实施纲要》中规定了公民基本道德规范的主要内容。公民道德建设的重点是( )。

   A. 爱国守法　　B. 勤奋自强　　C. 诚实守信　　D. 团结友善

7. 中国特色社会主义法律体系是由多个法律部门组成的有机统一整体,其中居于统帅地位的法律是( )。

   A. 宪法　　B. 民法商法　　C. 刑法　　D. 行政法

8. 调整平等主体的公民、法人之间的财产关系和人身关系的法律规范的总称是( )。

   A. 民法　　B. 商法　　C. 经济法　　D. 公司法

9. 下列选项中，属于社会主义法治的本质要求的是（　　）。

A．依法治国　　B．服务大局　　C．执法为民　　D．党的领导

10. 下列选项，既属于家庭美德的基本规范之一，同时也是我国的法律原则和基本国策的是（　　）。

A．尊老爱幼　　B．邻里团结　　C．勤俭持家　　D．男女平等

二、多项选择题

1. 现阶段我国各族人民的共同理想有（　　）。

A．实现四个现代化

B．实现共产主义

C．建设中国特色社会主义

D．实现中华民族伟大复兴

2. 下列关于爱国主义特点的表述，正确的有（　　）。

A．爱国主义是人类对自己的国家亘古不变的情感

B．爱国主义是历史的、具体的

C．爱国主义具有阶级性

D．在未来的共产主义社会，国家消亡后，爱国主义就会失去存在的条件和意义

3. 国家安全一般是指一个不受内部和外部的威胁、破坏而保持稳定有序的状态。传统的国家安全观将国家安全理解为（　　）。

A．政治安全　　　　　　B．国防安全

C．生态安全　　　　　　D．社会公共安全

4. 下列选项属于人生观内涵的有（　　）。

A．人生阅历　　B．人生目的　　C．人生态度　　D．人生价值

5. 在道德的功能系统中，主要的功能包括（　　）。

A．认识功能　　B．导向功能　　C．激励功能　　D．调节功能

6. 柏拉图说："法律有一部分是为有美德的人制定的，如果他们愿意和平善良地生活，那么法律可以教会他们在与他人的交往中所要遵循的准则；法律也有一部分是为那些不接受教诲的人制定的，这些

人顽固不化，没有任何办法能使他们摆脱罪恶。"这段话所凸显的法律的规范作用是（　　）。

　　A．保障作用　　B．预测作用　　C．强制作用　　D．教育作用

　7．刑法的基本原则是指刑法特有的在刑法的立法、解释和适用过程中所必须的具有全局性、根本性的准则。我国刑法明文规定的基本原则有（　　）。

　　A．罪刑法定原则　　　　　　B．疑罪从无原则
　　C．罪刑相当原则　　　　　　D．适用刑法一律平等原则

　8．下列选项，属于法治思维的基本特征的有（　　）。

　　A．法律至上　B．权力制约　C．人权保障　D．正当程序

　9．根据我国《婚姻法》的规定，下列属于禁止结婚的情形有（　　）。

　　A．甲想娶自己姑姑的女儿为妻子
　　B．乙想嫁给自己远房的表哥
　　C．丙患性病尚未治愈
　　D．丁想嫁给比自己父亲年岁还大的男人

　10．下列选项，属于我国《继承法》所规定的继承方式的有（　　）。

　　A．法定继承　　　　　　　　B．遗嘱继承
　　C．遗赠　　　　　　　　　　D．遗赠扶养协议

三、简答题

1．简述我国爱国主义的优良传统。
2．简述人生的自我价值与社会价值的关系。

四、分析题（要求结合所学知识分析材料回答问题）

1．材料一：

　　没有理想信念，理想信念不坚定，精神上就会"缺钙"，就会得"软骨病"。一个国家、一个民族、一个政党，任何时候任何情况下都必须树立和坚持明确的理想信念。中华民族5000多年沧桑岁月，把

56个民族、13亿多人紧紧凝聚在一起的,就是我们共同坚守的理想信念。广大青年要坚定理想信念,练就过硬本领,勇于创新创造,矢志艰苦奋斗,锤炼高尚品格,在实现中国梦的生动实践中放飞青春梦想,在为人民利益的不懈奋斗中书写人生华章。

——习近平

材料二:

北大原校长王恩哥在接受《光明日报》采访时说,在北大,教育的首要任务是激发学生志存高远。领军人物与技术型人才有着质的不同:领军人物具有高远的理想和强烈的使命感。在一个实用主义充斥的世界里,北大始终坚持个人成功与理想主义完美结合的理念。北大的目标从来不是培养技术专精而心胸狭窄、格调低下的人物。在我们的教育目标里,除了对学生进行具体学科领域的扎实训练外,还非常注重鼓励和帮助学生建立理性思维、批判性思维和创造性思维,从历史的广度和哲学的深度来思考各种问题。

结合上述材料,谈谈你对当代大学生树立和实现远大理想的理解。

2. 材料:劳动教养就是劳动、教育和培养,简称劳教。我国劳动教养制度是根据1957年8月1日国务院《关于劳动教养问题的决定》而创立的,其适用对象最初界定为"游手好闲、违反法纪、不务正业的有劳动力的人",其宗旨是"为了进一步维护公共秩序,有利于社会主义建设"。后来国务院和公安部又分别对劳动教养制度做出了补充规定和试行办法,将适用对象进一步具体化,并扩大到卖淫嫖娼、吸毒成瘾、无理取闹、扰乱社会秩序的人等。劳动教养的对象都是"尚不构成犯罪"的人,性质上是一种行政处罚,执法依据是上述行政法规而不是刑法,因此行政机关无需经过司法诉讼程序,而可以自行决定将劳教对象置于劳教场所,实行最高期限为4年的限制人身自由、强迫劳动、思想教育等措施。2013年12月28日闭幕的全国人大常委会通过了关于废止有关劳动教养法律规定的决定,这意味着已实施50多年的劳教制度被依法废止。劳教废止后,对正在被依法执行劳动教养的人员,解除劳动教养,剩余期限不再执行。

结合材料回答问题：

（1）劳动教养制度与我国现行宪法的哪项原则相悖？可能会侵犯公民的哪项宪法权利？

（2）如果以宪法为依据废止劳动教养制度，体现了宪法的什么特征？

（3）从国家权力和公民权利关系的角度，谈谈废止劳动教养制度的意义。

【答案解析】

一、单项选择题

1．A 2．B 3．D 4．A 5．B 6．C 7．A 8．A 9．C 10．D

二、多项选择题

1．CD 2．BCD 3．AB 4．BCD 5．AD 6．CD 7．ACD 8．ABCD 9．AC 10．ABCD

三、简答题

1．（1）热爱祖国，矢志不渝。（2）天下兴亡，匹夫有责。（3）维护统一，反对分裂。（4）同仇敌忾，抗御外侮。

2．人生的自我价值和社会价值，既相互区别，又密切联系、相互依存，共同构成人生价值的矛盾统一体。

一方面，人生的自我价值是个体生存和发展的必要条件。个体提高自我价值的过程，就是通过努力自我完善以实现全面发展的过程。人生自我价值的实现构成了个体为社会创造更大价值的前提。另一方面，人生的社会价值是实现人生自我价值的基础，没有社会价值，人生的自我价值就无法存在。一个人的需要能不能从社会中得到满足，在多大程度上得到满足，取决于他的人生活动对社会和他人的贡献，即他的社会价值。

四、分析题答案要点

1.（1）理想作为一种精神现象，是人类社会实践的产物。理想是人们在实践中形成的、有可能实现的、对未来社会和自身发展的向往与追求，是人们的世界观、人生观和价值观在奋斗目标上的集中体现。

（2）理想源于现实，又超越现实。理想在现实中产生，但它不是对现状的简单描绘，而是与奋斗目标相联系的未来的现实，是人们的要求和期望的集中表达，它激励着人们在现实生活中一步步地为实现理想目标而奋斗。

（3）当代大学生要树立中国特色社会主义共同理想，坚定对中国共产党的信任，坚定中国特色社会主义信念，坚定实现中华民族伟大复兴的信心。

（4）要实现个人远大理想，就必须坚持个人理想与社会理想的统一，认清实现理想的长期性、艰巨性和曲折性，将勇于实践、健康奋斗、提高自身综合素质作为实现理想的根本途径。

2.（1）劳动教养制度与我国现行宪法中的人权保障原则相悖。以宪法和法律保障公民基本权利，是社会主义民主与法制发展的重要标志。宪法确认和保护的公民权利也就是人权保障在国家根本法中的体现。我国宪法规定"国家尊重和保障人权"，并规定公民享有广泛的权利与自由，包括公民有参与国家政治生活的权利和自由、公民的人身自由和信仰自由、公民社会经济文化方面的权利等。劳动教养制度，可能会侵犯公民的人身自由权，人身自由包括狭义和广义两方面。狭义的人身自由主要指公民的身体不受非法侵犯，广义的人身自由则还包括与狭义人身自由相关联的人格尊严、住宅不受侵犯，通信自由和通信秘密受法律保护等与公民个人生活有关的权利和自由。人身自由是公民具体参加各种社会活动和实际享受其他权利的前提，也是保持和发展公民个性的必要条件。非经法律规定和法定程序，不得任意剥夺公民的人身自由。

（2）如果以宪法为依据废止劳动教养制度，体现了宪法具有最高的法律效力。一切法律、行政法规、地方性法规的制定都必须以宪法为依据，遵循宪法的基本原则，不得与宪法相抵触。劳动教养制度，作为由一系列行政法规确立的制度，与宪法的内容、原则和精神相抵触，应该被撤销。

（3）国家权力与公民权利之间的关系主要表现为四个方面：

第一，权力来源于权利。在民主和法治的国度，国家的一切权力来源于人民，国家机构的权力是由人民赋予的。

第二，权力服务于权利。设立国家权力的目的，在于为人民服务、为权利服务。

第三，权力应当以权利为界限。国家权力不得随意侵入权利主体的自治空间，不得随意干预权利主体的行动自由。这意味着，权利为权力的行使设定不可逾越的界限。

第四，权力必须受到权利的制约。公民的权利就是国家的义务，公民通过行使知情权、参与权、表达权、监督权等政治权利，对国家机构及其公务人员行使权力进行监督和控制，以防止国家权力的滥用和异化。

劳动教养制度，在一定程度和意义上体现了国家权力对公民权利的侵蚀或剥夺，在实践中一旦被滥用，将背离权力设立的初衷，而且容易突破权力的界限，不能得到有效的制约，不能充分体现对公民权利的保障。废除劳动教养制度，理顺了国家权力服务和受限于公民权利的关系，体现了"国家尊重和保障人权"的决心，体现了法治的文明与进步，在我国法制建设的进程中，具有里程碑式的意义。

试卷二

一、单项选择题

1. 在当代中国,时代精神具有丰富的内涵,其中具有核心地位的是（　　）。
   A．解放思想　　B．实事求是　　C．无私奉献　　D．改革创新

2. 值得人们终生尊奉和践行的、科学高尚的人生观的核心内容是（　　）。
   A．八荣八耻　　　　　　　　B．科学发展观
   C．中国特色社会主义共同理想　　D．为人民服务

3. 道德的功能是指道德作为社会意识的特殊形式对于社会发展所具有的功能,其中最突出也是最重要的社会功能是（　　）。
   A．辩护功能　　B．沟通功能　　C．调节功能　　D．激励功能

4. 社会主义道德建设的核心（　　）。
   A．爱国主义　　　　　　　B．集体主义
   C．为人民服务　　　　　　D．社会主义荣辱观

5. 全面提高公民道德素质,要坚持依法治国和以德治国相结合,加强社会公德、职业道德、家庭美德、个人品德教育,弘扬中华传统美德,弘扬时代新风。下列选项中,既是道德规范又是法律原则的是（　　）。
   A．爱岗敬业　　B．诚实守信　　C．助人为乐　　D．勤俭持家

6. 中国特色社会主义法律体系是由多个法律部门、多个层次的法律规范构成的有机统一的整体,其中作为中国特色社会主义法律体系主干的是（　　）。
   A．宪法　　　　　　　　B．法律
   C．行政法规　　　　　　D．地方性法规

7. 社会主义法律理念包括丰富的内容,其中体现了中国特色社会主义法律体系的核心要义的是（　　）。
   A．依法治国　　B．执法为民　　C．公平正义　　D．服务大局

8. 人权的法律保障包括多个层面，其中作为人权保障的最后防线的是（　　）。

A．宪法保障　　B．立法保障　　C．行政保护　　D．司法救济

9. 婚姻家庭的本质属性是婚姻家庭的（　　）。

A．自然属性　　B．社会属性　　C．道德属性　　D．法律属性

10. 根据我国《婚姻法》规定的结婚年龄，男不得早于（　　）。

A．18周岁　　B．20周岁　　C．22周岁　　D．25周岁

二、多项选择题

1. 当代大学生的历史使命是（　　）。

A．建设和发展中国特色社会主义

B．实现中华民族伟大复兴

C．实现民族的独立与解放

D．实现共产主义伟大事业

2. 下列关于理想与现实的关系，表述正确的有（　　）。

A．理想受现实的规定和制约，不能脱离现实而幻想未来

B．现实中包含着理想的因素，孕育着理想的发展，在一定条件下，现实必定要转化为理想

C．理想中包含着现实中必然发展的因素

D．在一定的条件下，理想和现实可以是完全等同的

3. 爱国主义体现了人民群众对自己祖国的深厚感情，反映了个人对祖国的依存关系，是人们对自己故土家园、民族和文化的归属感、认同感、尊严感与荣誉感的统一。在我国，爱国主义（　　）。

A．既是道德要求，又是法律规范

B．既继承了优良传统，又具有时代特征

C．体现了爱国主义与爱社会主义的一致性

D．体现了爱国主义与拥护祖国统一的一致性

4. 国家安全一般是指一个不受内部和外部的威胁、破坏而保持稳定有序的状态。其中，处于国家安全的支柱与核心地位的国家安全有（　　）。

A. 政治安全　　　　　　　B. 国防安全
C. 生态安全　　　　　　　D. 社会公共安全

5. 在资本主义法律产生和发展的过程中形成两大法系，即大陆法系和英美法系。这两大法系的主要区别有（　　）。

A. 法律本质不同　　　　　B. 法律渊源不同
C. 法律结构不同　　　　　D. 法官权限不同

6. 下列属于我国宪法基本特征的有（　　）。

A. 在内容上，宪法规定国家生活中最根本最重要的方面
B. 在效力上，宪法的法律效力最高
C. 在制定和修改程序上，宪法比其他法律更为严格
D. 在司法程序上，具有优先适用性

7. 下列既属于宪法规定的基本权利，又属于宪法规定的基本义务的有（　　）。

A. 劳动权　　　　　　　　B. 受教育权
C. 批评、建议权　　　　　D. 申诉、控告、检举权

8. 下列属于我国刑罚体系中的主刑的有（　　）。

A. 罚款　　　　　　　　　B. 管制
C. 拘役　　　　　　　　　D. 剥夺政治权利

9. 下列属于违反治安管理行为的有（　　）。

A. 甲聚众赌博，被警方警告处分
B. 乙违反传染病防治规定，恶意传播病毒，被处以罚款
C. 外国人丙聚众扰乱我国社会秩序，被警方通知限期出境
D. 丁交通违章造成重大事故，被警察刑事拘留

10. 根据我国继承法的规定，下列属于第一顺序继承人的有（　　）。

A. 配偶　　B. 父母　　C. 子女　　D. 兄弟姐妹

三、简答题

1. 简述道德发展的规律和道德进步的表现？

2. 简述法律的概念。

四、分析题（要求结合所学知识分析材料回答问题）

1. 结合材料回答问题

材料：秦玥飞，男，1985年出生，汉族，本科学历，现任衡山县贺家乡贺家山村大学生村官，衡山县第十二届人民代表大会代表。

秦玥飞同志扎根基层，甘于奉献，兢兢业业，在大学生村官这一最基层的岗位上做出了较突出的业绩。他2010年获得耶鲁大学文科学士学位，品学兼优，完全有机会在美国找到一个合适的工作，但他放弃了在美国谋职的机会，经中国驻纽约总领事馆的介绍，通过严格考核，成为衡山县贺家乡贺家山村大学生村官，是全国首位从世界名校毕业回国服务的大学生村官。担任村官以来，他工作任劳任怨、格外勤奋，为村、乡里的农民、学生、教师、孤寡老人等日益操劳。2012年10月，他以高票当选为衡山县第十二届人大代表，是全国首位在基层直选中当选人大代表的留学归国人员。

（最美村官：秦玥飞，摘自湖南省政府门户网）

（1）当代大学生应当确立怎样的择业观？
（2）如何"在艰苦中锻炼，在实践中成才"？
（3）如何在实践中创造有价值的人生？

2. 结合材料回答问题

材料1：全面贯彻实施宪法，是建设社会主义法治国家的首要任务和基础性工作。宪法是国家的根本法，是治国安邦的总章程，具有最高的法律地位、法律权威、法律效力，具有根本性、全局性、稳定性、长期性。全国各族人民、一切国家机关和武装力量、各政党和各社会团体、各企业事业组织，都必须以宪法为根本的活动准则，并且负有维护宪法尊严、保证宪法实施的职责。任何组织或者个人，都不得有超越宪法和法律的特权。一切违反宪法和法律的行为，都必须予以追究。

材料2：坚持党的领导，更加注重改进党的领导方式和执政方式。

依法治国，首先是依宪治国；依法执政，关键是依宪执政。新形势下，我们党要履行好执政兴国的重大职责，必须依据党章从严治党、依据宪法治国理政。党领导人民制定宪法和法律，党领导人民执行宪法和法律，党自身必须在宪法和法律范围内活动，真正做到党领导立法、保证执法、带头守法。

(以上材料均摘自：习近平：在首都各界纪念现行宪法公布施行 30 周年大会上的讲话。新华网北京 12 月 4 日电)

(3) 材料 1 集中体现了法治思维的哪项内容？该如何理解？

(4) 结合材料 2 谈谈党的领导与依法治国的关系？

【答案及解析】

一、单项选择题

1．D 2．D 3．C 4．C 5．B 6．B 7．A 8．D 9．B 10．C

二、多项选择题

1．AB 2．ABC 3．ABCD 4．AB 5．BCD 6．ABC 7．AB 8．BC 9．ABC 10．ABC

三、简答题

1．人类道德的发展，是一个曲折上升的历史过程。虽然在一定时期可能有某种停滞或倒退现象，但道德发展的总趋势是向上的、前进的，是沿着曲折的道路向前发展的。道德发展的规律是人类道德发展的历史过程与社会生产方式的发展进程大体一致。人类道德进步的主要表现在以下三个方面：

(1) 道德在社会生活中所起的作用越来越重要，对于促进社会和谐与人的全面发展的作用越来越突出。

(2) 道德调控的范围不断扩大，调控的手段或方式不断丰富、更加科学合理。

（3）道德的发展和进步成为衡量社会文明程度的重要尺度。

2. 法律是由国家制定或认可并依靠国家强制力保证实施的，反映由特定社会物质生活条件所决定的统治阶级意志，规定权利和义务，以确认、保护和发展有利于统治阶级的社会关系和社会秩序为目的的行为规范体系。

四、分析题答案要点

1.（1）对于大学生来说，树立正确的择业观，做到以下几点是十分必要的：

第一，树立崇高职业理想，重视人生价值实现。树立崇高的职业理想，不仅是为了拓展职业的价值领域，更是为了提升人生观、价值观的境界。

第二，服从社会需要，追求长远利益。大学生在就业问题上要更多地考虑到社会的需要，把自己对职业的期望与社会的需要统一起来，着眼现实，面向未来，既不好高骛远，也不消极被动，以积极主动的态度面对就业问题。

第三，打下坚实基础，做好充分准备。机会总是垂青于有所准备的人。一个人有了真才实学，能够适应多种岗位，就更有利于自己的就业。

（2）在艰苦中锻炼，在实践中成才。

第一，在艰苦中锻炼是成才的必要条件。只有经过艰苦的锻炼方能成才，这是古往今来无数事实反复证明了的一条人才成长规律。

第二，社会实践是锻造人才的熔炉。对于大学生来说，在实践中成才的一条重要途径是把自己的择业和创业定位于到基层去、到农村去、到边疆去、到祖国最需要的地方去建功立业。

（3）美好的人生价值目标要靠社会实践才能化为现实。人生价值目标的实现是一个实践的过程，人生价值的评价就是对实践及其成果的评价。

第一，走与人民群众相结合的道路。人民群众是历史的创造者，是国家的主人。只有走与人民群众相结合的道路,向人民群众学习,从人民群众中吸取营养,做中国最广大人民的利益的维护者,才能使自己的人生大有作为。

第二,走与社会实践相结合的道路。要善于为实践而学,善于在实践中学。在当今中国,最重要的社会实践,就是全面建设小康社会、加快推进社会主义现代化、实现中华民族伟大复兴的实践。只有与时代同步伐、与祖国共命运、与人民齐奋进,才能实现最大的人生价值。

最美村官秦玥飞就是具有崇高的职业理想,走群众路线,在实践中实现人生价值实现的典范,也是在艰苦中锻炼,在实践中成才的典范。

2.(1)集中体现了法治思维中的法律至上的内容。法律的至上性,具体表现为法律的普遍适用性、优先适用性和不可违抗性。法律的普遍适用性,是指法律在本国主权范围内对所有人具有普遍的约束力。所有国家机关、社会组织和公民个人都必须遵守法律,依法享有和行使法定职权与权利,承担和履行法定职责与义务。法律的优先适用性,是指当同一项社会关系同时受到多类社会规范的调整时,法律规范的适用要优先于其他社会规范。法律的不可违抗性,是指任何人都不允许违反法律,违反法律就要受到法律的惩罚。不管涉及什么人,不论权力大小、职位高低,只要有违法犯罪行为,就要依法追究和承担法律责任。

(2)党的领导与依法治国是有机统一的关系。一方面,依法治国是党领导人民治理国家的基本方略,坚持党的领导是社会主义法治的根本保证;另一方面,依法执政是党执政的基本方式,党领导人民制定宪法和法律,又必须自觉遵守宪法和法律,带头维护宪法和法律的权威。在如何理解和处理党的领导与依法治国的关系上,我们经历了曲折的历史过程,曾发生过较大的失误。改革开放以来,我国宪法和中国共产党党章先后确立了"党必须在宪法和法律范围内活动"的基本原则。党的十六大从改革和完善党的领导方式和执政方式出发,明确提出党要坚持依法执政,不仅要求党必须在宪法和法律的范围内活动,而且要求党的领导和执政行为要纳入法治轨道。

参考书目

《思想道德修养与法律基础》编写组编,思想道德修养与法律基础(2013年修订版).北京:高等教育出版社,2013。